다시 쓰는 커피학개론

다시 쓰는 커피학개론

송호석 지음

NEW INTRODUCTION TO COFFEE

커피 가공 및 품종을 중심으로

커피 품종의 최신 동향
다양한 커피 가공방식의 혁신
직접 진행한 발효 실험의 상세 내용

이이비라인 Publishing Co.

프롤로그

커피의 시작점을 살펴보기에 앞서

전 세계에서 기호도가 가장 높은 음료는 단연 커피다. 특정 계층과 문화권에서만 누리던 음료에서 만인의 입맛을 사로잡는 음료가 되기까지 커피는 오랫동안 사랑받고 있다.

커피시장은 17세기 인스턴트커피에서 촉발된 '커피 제1의 물결', 19세기 프랜차이즈 커피전문점을 통해 '레귤러커피'가 일반화되기 시작한 '커피 제2의 물결', 특별한 커피의 수요가 증가하며 가치소비가 주목받게 된 '커피 제3의 물결'을 넘어 현재에 이르고 있다. 이러한 1, 2, 3의 물결은 전 세계 커피 시장의 흐름을 크게 흔들어 놓은 전환점으로, 생산국부터 소비국까지 폭넓은 생리의 변화를 가져왔다. 이에 다음 물결을 예측하는 것이 시장을 선점하는 매우 중대한 결정이라 여겨져 왔다.

인스턴트커피에서 레귤러커피로, 그리고 스페셜티 커피로의 전환은 매우 자연스러운 변화인 동시에 산업혁명으로 인한 삶의 질 개선에 따른 가치소비의 연장이라 여겨진다. 그리고 지금은 커피 시장이 어떤 흐름으로 흘러가고 있는지에 대한 고민이 필요한 시점이다. 커피 한잔의 가치가 우리에게 어떤 의미로 다가오는가를 생각해 보아야 할 것이다. 특별함으로 포장된 커피가 기후 및 환경적 한계에 부딪혀 표류하는 와중에 더욱 특별한, 아니 매우 자극적인 커피를 추구하는 시대로 진입한 것이 '커피 제4의 물결'이 아닐까 생각된다.

 내추럴, 워시드에 국한됐던 가공법에 펄프드 내추럴과 세미 워시드가 등장했던 것은 어쩌면 스페셜티 커피 시대로의 진입을 위한 발돋움이었을지도 모른다. 환경적 한계의 극복이라는 필요에 의해 개발된 가공법이 스페셜티 커피의 시작인 것이다.

 최근에는 커피 생산국들이 이상 기후와 떼루아적 한계를 직면했다. 뜨거워진 날씨와 습한 기후는 이전에 없었던 병충해를 만들어 냈고, 이는 쉽사리 전파되는 반면 치료는 잘되지 않았다. 이러한 상황을 타개할 자구책이 필요해진 농부들은 최후의 수단일 수도 있는 '가공법 튜닝'을 시도했다. 커피와 인접한 음료인 맥주, 와인의 가공법인 '무산소발효', '카보닉 메서레이션' 등을 차용한 것이다. 이 밖에 맥주에 홉을 첨가하듯 커피에 오렌지껍질, 고수씨 같은 첨가물을 넣는다거나, 커피를 발효할 때 맥주 혹은 와인의 효모를 첨가하는 등의 가공법까지 도입됐다. 그 결과로 지금까지는 존재하지 않았던 새로운 커피들이 탄생했다. 이렇게 만들어진 커피들은 시장에 큰 충격을 가했다. 직관적으로 전해지는 향미에 많은 소비자가 흥미로움을 느끼면서 이를 특별한 커피라고 여기기 시작했다. 기존의 떼루아나 전통적 가공법의 특별함이 한순간에 부정되는 사건으로, 커피 시장에 새로운 패러다임이 도래한 것이다.

이러한 변화로 기존 '생산자Producer'에서 한 단계 발전한 개념인 '프로세서Processor'라는 직업군도 생겨났다. 프로세서는 마치 가공식품을 만들 듯 다양한 가공법의 개발을 통해 특별한 커피를 만들어 내고 있다. 이전보다 더욱 혁신적(?)인 첨가물을 활용한 '부가물 커피', 효모를 첨가해 독특한 발효취를 곁들인 '발효 커피', 특정 향기물질을 첨가한 '인퓨즈드 커피' 등의 다채로운 커피들이 그 결과물이다. 이들 커피는 가공식품 업계에 등장한 신제품처럼 시장에 소개됐고, 적용된 가공법은 '시크릿 레시피'마냥 영업비밀이 됐다. 일부 농장은 어떤 첨가물이 들어갔는지, 발효와 세척 그리고 건조가 어떻게 진행됐는지 밝히고 있지만 몇몇 농장의 가공법은 여전히 베일에 싸여 있는 상황이다.

커피 제3의 물결이 전 세계 커피 시장을 주도하는 상황에서 '특별한 커피'를 확보하는 일은 소리 없는 전쟁과도 같았고, 커피와 함께 농장주의 프로필도 자세하게 공개됐다. 특별한 커피가 지니는 가장 중요한 가치는 투명하게 공개되는 진실성이었고, 그 가치는 시장에 어필이 되었다. 하지만 현재 '제4의 물결' 세상에서는 투명성보다 자극적인 향미만이 어필될 뿐, 그 커피가 어떻게 만들어졌는지는 그다지 중요하게 여겨지지 않고 있다. 소비자가 식품을 구매할 때 확인하는 첨가물과 관련된 표시사항이 무시되고 있다. 생산자와 가공자가 밝히는 필터링된 정보에만 의존해야 하는 상황에 생산자와 구매자 간의 신뢰가 더욱 중요해지고 있는 현실이다.

새로운 패러다임을 맞이한 커피 시장에서 커피를 어떤 시선으로 바라보고, 어떻게 이해해야 할지에 대한 판단은 온전히 소비자의 몫이다. 이 책의 내용은 커피를 생산하는 환경과 기후를 소개하고, 다양한 생산국을 자세히 살펴보는 것으로 시작한다. 그다음으로 커피의 품종 및 가공에 관한 이야기를 심도 있게 다루고 있으며, 각 가공법에 따른 발효 향미, 생두의 특성과 분류, 등급 등 생두에 관한 여러 가지 특성을 소개한다. 마지막으로는 생두의 로스팅과 무역에 관한 내용을 다루되 방대한 정보를 가능한 한 간결하게 담도록 노력했다.

이 책이 커피를 사랑하고 커피를 공부하고자 하는 많은 사람에게 좋은 조언자가 되기를 바란다. 또한, 오늘도 최선을 다해 좋은 커피를 완성하려 노력하는 생산국의 생산자들을 이해할 수 있는 길라잡이가 되길 희망한다.

2022.09.22.

송호석

Contents

프롤로그 006

Chapter 1
커피 생산국

① 대륙별 생산국 현황 013
  1_아프리카 014
  2_중남미 025
  3_아시아 및 기타 043
② 생산량 추이 047
③ 커피 생산지역의 떼루아 052

Chapter 2
커피의 재배 및 품종

① 커피의 재배 061
  1_품종의 선택 061
  2_종자 만들기 063
  3_파종 064
  4_너서리의 구성 065
  5_재배 066
  6_개화 067
  7_결실 068
  8_수확 069
    ① 기계식 수확 070
    ② 손으로 하는 수확 070
② 커피의 품종 072
  1_랜드레이스 074
    ① 게이샤 074
    ② 자바 077
  2_티피카 & 버번 078
    티피카 계통 078
      ① 티피카 079
      ② 파체 080
      ③ 마라고지페 081
    버번 계통 082
      ① 버번 083
      ② 모카 084
      ③ 파카스 086
      ④ 카투라 086
      ⑤ SL 시리즈 087
    티피카 + 버번 088
      ① 문도노보 088
      ② 카투아이 090
      ③ 파카마라 091
      ④ 시드라 092
  3_로부스타 하이브리드 096
    ① 카티모르 096
    ② 사치모르 097
  4_F1 하이브리드 098
    ① 루이루11 098
    ② 센트로아메리카노 098
③ 품종의 개량 099
④ 색깔에 따른 커피 품종 100

Chapter 3
커피의 가공

① 커피 가공의 목적 107
  1_커피체리의 구조 107
  2_커피 가공의 시작 112
  3_모든 가공에서 가장 중요한 점 112
② 전통적 가공법과 최신 가공법 114
  1_전통적 가공법 115
    ① 내추럴 115
    ② 워시드 117
    ③ 펄프드 내추럴 123
    ④ 세미 워시드 125

2_ 최신 가공법 127
　① 허니 127
　② 무산소발효 128
　③ 카보닉 매서레이션 133
　④ 효모첨가 134
　⑤ 기타 첨가물 137
　⑥ 기타 통제에 의한 방식 138
3_ 커피의 발효 139
　① 젖산 발효 141
　② 초산 발효 141
　③ 알코올 발효 141
　＊페루에서의 이스트 발효 가공 실험 144

③ 가공법의 발전과 혁신 그리고 미래 152

④ 가공법에 따른 향미 변화
　(발효도와 연관된) 154
1_ 워시드 154
　① 시트릭 프루티 154
　② 나무에서 열리는 과실들 155
　③ 베리 155
2_ 내추럴 155
　① 트로피컬 155
　② 드라이 프루트 156
　③ 와이니 156
　④ 스파이시 156
　⑤ 치즈 157
　⑥ 오프플레이버 157

⑤ 재배 및 가공 과정에서의 미생물 158
1_ 재배부터 가공까지 158
2_ 미생물과 컵 퀄리티 160
3_ 발효에 작용하는 대표적 미생물 160
　① 젖산균 160
　② 초산균 161
　③ 효모 161

⑥ 디카페인 커피
1_ 유기용매 추출법 162
　① 벤젠 162
　② 에틸아세테이트 162
　③ 염화메틸렌 163

2_ 물을 활용한 카페인 제거 163
　① 스위스 워터 프로세스 163
　② 마운틴 워터 프로세스 164
　③ 이산화탄소를 활용한 초임계 추출법 164

Chapter 4

커피생두의 이해

① 생두의 물리적 요건 169
　1_ 수분 170
　2_ 밀도 170
　3_ 크기 171
　4_ 가공법 171
　5_ 배아 173
　6_ 등급 174
　7_ 생두의 안정화 178

② 생두의 특징에 따른 로스팅 180
　1_ 수분 180
　2_ 밀도 181
　3_ 크기 181
　4_ 가공법 182

Chapter 5

커피무역

① 생산지에서의 보관 187
② 포장 189
③ 계약의 체결 190

에필로그 198
참고문헌 202

Chapter 1

커피생산국

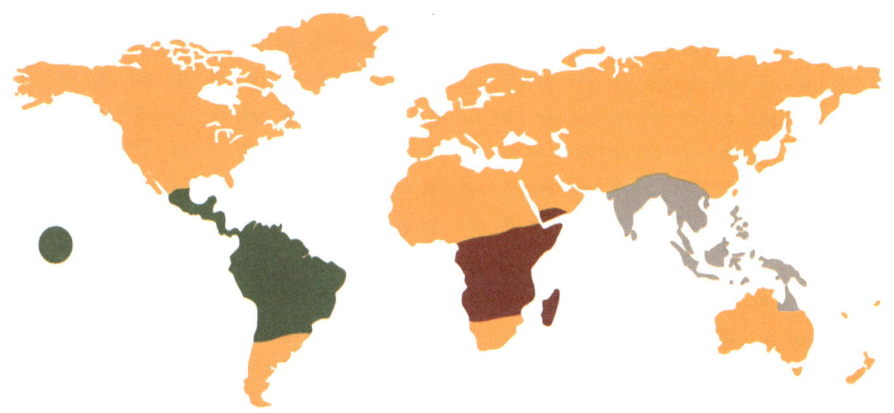

커피벨트

커피는 '커피벨트'에 속해 있는 국가, 즉 적도를 기준으로 북위 남위 약 25도에 속하는 고온다습한 기후를 지닌 나라에서 생산된다. 현재 ICO International Coffee Organization에 가입된 커피 생산국은 55개국이다.* 이들 국가에서 생산되는 커피가 전 세계에서 소비되고 있는데, 소비국이 점차 늘어나는 반면 생산하는 국가는 지속적으로 감소 중이다. 그 이유는 기후변화, 사회·경제적 요인 등 다양하다.

전체 커피 생산량은 등락을 거듭하고 있다. 2019/2020 크롭 기준 전 세계 커피 생산량은 1억 6,505만 3,000bag(1bag/60kg)이다.

중미는 북쪽으로는 멕시코, 가장 남쪽으로는 파나마에 이르는 지역으로

---

* 생산국의 사정이나 기타 사유로 ICO에 가입하지 않은 국가도 다수 존재한다. 최근 우간다는 ICO 탈퇴를 공식 선언한 바 있다.

대부분의 국가에서 커피가 생산된다. 남미는 북쪽으로 콜롬비아를 중심으로 에콰도르, 페루, 볼리비아 그리고 브라질이 속한다. 아프리카는 적도를 중심으로 커피 생산국이 산발적으로 분포해 있으나, 주로 인도양 연안의 동아프리카 지역에서 좋은 커피가 생산되고 있다. 아시아는 베트남과 인도네시아를 중심으로 인도, 태국, 라오스, 캄보디아 등의 국가에서 커피를 재배한다.

① 대륙별 커피 생산국 현황

커피벨트에 속한 커피 생산국은 아프리카, 중남미, 아시아 이상 세 개 지역으로 구분할 수 있다. 이는 생산국을 '대륙별'로 나누는 구분법으로 편의를 위한 것이지 절대적인 가치를 지닌 방식은 아니다. 지역별 구분이 통상적으로 쓰이는 것은 비슷한 기후와 계절로 인해 재배, 수확 및 수출 사이클이 대동소이하기 때문이다.

1
아프리카

아프리카의 커피 생산국은 주로 동아프리카에 집중되어 있다. 에티오피아, 케냐, 탄자니아, 르완다, 부룬디를 중심으로 수단, 우간다, 콩고, 말라위 등 다양한 국가에서 커피를 재배한다. 아프리카 커피 생산국 중 에티오피아, 케냐, 탄자니아로 이어지는 지역을 위성사진으로 관찰하면 큰 협곡을 이루고 있는데 이를 '그레이트 리프트밸리Great

Rift Valley'라 부른다. 이는 수십만 년 전에는 바다였던 지역으로, 지각변동에 의해 크게 융기된 땅이다. 풍부한 퇴적층과 미네랄을 함유한 토양, 높은 고도로 인한 일교차 큰 기후 등 커피 재배에 매우 좋은 조건을 갖추고 있다. 특히 건조한 기후 덕분에 품질 좋은 내추럴 커피를 완성하기에 유리하다. 이제 아프리카의 주요 생산국에 대해 살펴보자.

에티오피아 Ethiopia

○ **일반사항**

에티오피아는 '아라비카의 고향'이란 수식어를 가진 나라이다. 에티오피아는 국토 전역에서 커피를 재배하는데, 그중 남부의 시다마Sidama와 예가체프Yirgacheffe, 동부의 하라Harar, 서부의 짐마Jimma 등의 지역이 잘 알려져 있다.

○ **재배방법**

에티오피아에는 '재배'보다 '채집'이라는 관점에서의 접근이 필요하다. 많은 농부가 아주 작은 규모의 농장을 운영하고 있으며, 자신의 뒷산 혹은 인근의 야생 자생지에서 커피체리를 채집하는 '포레스트커피Forest Coffee'의 비중이 가장 크다. 그다음으로 산에 자신의 영토를 구분 짓는 용도의 울타리를 치고, 그 울타리 안에 있는 야생 커피나무의 체리를 수확하는 '세미포레스트Semi Forest', 마당에 있는 커피를 수확하는 '가든 커피Garden Coffee'가 상당 비중을 차지하고 있다. 하지만 서양의 자본이 유입된 후 대규모 플랜테이션이 늘고 있으며, 대표적인 커피 옥션 '컵오브엑셀런스Cup of Excellence(COE)'가 개최된 2021년을 기점으로 더 많은 플랜테이션이 들어서고 있다.

○ **품종**

한때 에티오피아의 주요한 커피품종은 '토착종Heirloom'으로 표기되어왔다. 그러나 미국 카운터컬처커피Counter Culture Coffee에서「A Reference Guide to Ethiopian Coffee Varieties」를 발간한 뒤로는 '74158', '74112', '쿠르메Kurme', '데가Dega' 등의 세부품종으로 표기되고 있다. 이러한 세부품종은 에티오피아 짐마대학의 연구진에 의해 분류된 결과물이다. 역사적인 채집을 통해 구분된 연도를 표기하거나(74XXX, 75XXX) 지역명 혹은 해당 지역에서 자라는 특별한 식물의 이름을 붙이는 등 다양한 방식으로 명명되었다.

○ **가공**

내추럴이 가장 주요한 가공법이고, 워시드가 함께 진행된다. 과발효 없이 커피체리를 건조하기에 최적인 건조한 기후를 갖추고 있으며 풍부한 과일 향미와 꽃향기 그리고 향신료 뉘앙스를 지닌 커피가 완성된다. 내추럴 커피는 주로 아프리칸 베드에서 건조하는데, 땅의 습기와 향을 막고 통풍을 원활히 하는 것이 가장 중요한 요건이다. 체리를 넣어서 말리는 바닥의 재질로는 황마로 만든 쥬트백Jute Bag을 사용해왔으나 현재는 기능성이 추가된 합성섬유를 쓰는 빈도가 높아지고 있다.

에티오피아의 워시드는 일부 지역에서만 시행되며 물 사용량이 매우 많은 것이 특징이다. 발효단계에서 점액질이 붙어있는 파치먼트를 물에 완전히 담가 물 안에 있는 미생물로 인해 발효가 일어나게 하는데, 진행 속도가 매우 느리다. 발효가 끝난 커피를 세척하는 과정에서도 워싱채널을 사용한다. 물에 파치먼트를 띄워 밀대로 옮기면서 세척을 진행한다. 이처럼 모든 공정에서 물이 사용된다는 의미에서 '풀리 워시드Fully Washed'라는 명칭이 붙었다.

○ **특이사항**

에티오피아에서는 커피를 '분나Buna'라고 부른다. 이는 오래전부터 커피를 자체적으로 지칭하던 이름이다. 에티오피아는 커피 재배 역사가 매우 길어 나름의 커피 문화가 발달해 왔다. 대표적으로 전통적인 커피 음용 방식인 '커피 세리머니Coffee Ceremony'라는 의식이 있다. 팬을 이용해 생두를 아주 강하게 로스팅한 다음 절구같이 생긴 '므께짜'로 원두를 빻고, '제베나'라는 주전자에 커피가루와 물을 넣고 끓이는 방식으로 추출한다. 완성된 커피 세 잔을 손님에게 대접하는데 제공된 커피는 모두 마셔야 하는 나름의 문화가 존재한다.

속 쓰림을 방지한다는 차원에서 커피에 허브류의 식물을 담가 먹기도 한다. 아담 시대에서부터 이어져 온 식물이라는 의미에서 '땐 아담'이란 명칭을 사용한다. 이밖에도 버터와 말린 커피체리를 볶아 반찬으로 먹거나, 몸이 아플 때 약으로 말린 커피체리를 씹어 먹는 등 음용법이 다양하다.

에티오피아의 커피 세리머니

케냐

○ **일반사항**

아프리카 커피의 대명사라고 할 수 있는 케냐는 독보적인 산미톤을 지닌 커피로 알려져 있다. 케냐는 에티오피아와 탄자니아 사이에 자리한 국가로 국토 전역에서 커피를 재배한다. 수도인 나이로비Nairobi를 중심으로 한 중부와 서부에서 커피가 주로 생산되며 니에리Nyeri, 키리냐가Kirinyaga, 엠부Embu 등의 지역이 잘 알려져 있다.

○ **재배방법**

케냐의 커피 재배는 붉은색을 띠는 미네랄이 풍부한 토양에서 대규모 플랜테이션 형식으로 이루어진다. 넓은 고원 평야 지대를 이용하기 때문에 셰이드 그로운Shade Grown 재배법은 시행하지 않는다. 한편 케냐에서 커피는 매우 중대한 수익원이라서 국가 차원의 관리 및 통제가 이뤄지고 있으며 생산된 모든 커피는 자체 옥션을 통해 판매된다. 따라서 다른 국가에 비해 가격이 높은 편이다.

○ **품종**

케냐의 커피 품종은 SL시리즈로 대표된다. SL은 스콧 농업 연구소Scott Agriculture Laboratory의 약자로 케냐의 대표 품종인 SL28, SL34는 1930~1935년 사이에 선별된 품종이다. SL 뒤에 붙은 숫자는 연구 개발 혹은 선별된 품종에 부여하는 일련번호로 현재까지 눈에 띄는 품종은 SL9, SL14, SL28, SL34 등이 존재한다. SL28은 가뭄에 강하고 향미 품질이 뛰어난 동시에 병충해에 치명적인 것으로 알려졌다. 주로 케냐, 우간다, 탄자니아에서 재배되며, 최근 중남미 지역에서도 생산되고 있다. 이 품종은 탄자니아에서 발견된 가뭄에 강한 나무에서 선별되어 현재에 이르고 있으며, 유전자 검사결과 버번종에 뿌리를 둔 것으로 밝혀진 바 있다.

마찬가지로 향미 우수성이 뛰어난 것으로 알려진 SL34는 프랑스 선교사에 의해 케냐에 전해진 품종이다. 그래서 '프렌치미션French Mission'이라 불리는 원형을 가진 나무에서 선별됐는데, 프랑스 선교사들이 부르봉섬(레위니옹섬)에서 커피나무를 가져와 심었기 때문에 버번 계통의 품종으로 알려져 왔다. 하지만 최근 유전자 검사 결과 티피카 계통의 특성을 지닌 것으로 밝혀졌다. 이로 인해 '애초에 부르봉섬에서 전해진 종자에서 이어진 품종이 아닐 것'이라는 논란이 일고 있지만 아직 명확하게 결론이 나지는 않았다.

> 2021 페루 COE 2위 커피의 품종명은 '잉카 게이샤'였다. 지금까지 발견된 적이 없는 품종이었던지라 WCRWorld Coffee Reserch은 이 품종의 유전자를 분석했고 그 결과 'SL9'으로 밝혀졌다. 그러나 추후 WCR이 품종 검사 결과를 게이샤로 번복하면서 결론적으로 게이샤와 버번이 블렌딩된 랏으로 표기됐다. 이 과정을 통해 SL9이란 품종의 존재가 다시금 알려지게 되었다.

SL9은 케냐에서 선별된 품종이다. 게이샤의 전파 시기 아프리카에서 코스타리카로 전해진 하나로, 병충해에 저항성을 지닌 것으로 여겨져 중남미에 식재된 바 있다. 그 후 오랜 시간 잊혀진 존재였으나 2021 페루 COE에 등장해 눈길을 끌었다.

SL시리즈 외 현재 케냐에서 가장 많이 재배되는 품종은 단연 루이루 11Ruiru11이다. 이는 1968년 케냐에 창궐한 커피베리병으로 인해 개발된 품종으로 병충해에 강하고 생산성이 뛰어나다. 바티안Batian이란 품종도 많이 재배되고 있는데, 이 역시 병충해에 저항성을 지니도록 만들어졌으며 향미 우수성을 겸비한 것으로 여겨지고 있다.

○ **가공**

케냐의 가공법은 '케냐 프로세스Kenya Process'라 명명됐다. 다른 이름으로는 '더블 워시드Double Washed', '더블 퍼먼테이션Double Fermentation', 'K-72'라고 불린다. 물을 사용한다는 점에서는 일반 워시드와 유사하지만 발효와 세척을 두 번씩 진행한다는 점이 특징이다. 두 번의 발효와 세척을 통해 점액질에 의한 변질 가능성을 낮추고, 발효 과정에서 온도 상승을 지연시켜 과발효의 위험성을 낮추는 효과를 지닌다.

○ **특이사항**

케냐 커피의 가장 큰 향미적 특성은 붉은색 토양에서 기인하는 '인산Phosphoric'의 뉘앙스다. 그래서 여느 커피 산지의 것과는 다른 산미를 띠며, 이는 더블 워시드 가공 시 더욱 선명하게 드러나 다소 자극적인 뉘앙스로 여겨질 수 있다. 케냐 커피의 또 다른 특징은 '경매'를 통해 판매된다는 것이다. 국가가 발급한 수출 라이선스를 가진 사람만이 응찰자로 참여할 수 있으며 경매에서 결정되는 값을 토대로 최종적인 가격이 매겨진다. 그래서 여느 국가에 비해 커피 가격이 다소 높게 설정된다.

탄자니아

○ **일반사항**

킬리만자로산을 두고 케냐와 국경을 마주하고 있는 탄자니아는 '세렝게티 국립공원'이라는 세계적인 야생동물 보호구역을 보유하고 있어 원시적인 환경이 잘 보존된 국가다. 탄자니아 커피 산업의 시작점은 독일식민지 시절이었던 1911년으로 이야기된다. 이곳 커피는 주로 케냐와 많이 비교되는데, 인지도가 더 낮았던 시기에는 케냐 커피로 혼합되어 판매되는 신세였다. 하지만 정부 차원의 커피 산업 육성 정책이 시행됨에 따라 탄자니아 커피는 새로운 패러다임을 맞이했다. 2021년 열린 프라이빗 옥션에서 놀라운 품질의 게이샤 품종이 공개된 것. 이 커피는 탄자니아 커피에 대한 많은 사람의 편견이 깨지는 계기가 됐다.

○ 재배방법

킬리만자로나 메루산 고원지대에 넓은 플랜테이션을 형성하고 있다. 셰이드 트리를 심어 직사광선을 막고 오랜 시간 누적된 토양의 영양분을 바탕으로 커피를 재배한다.

○ 품종

아라비카가 70%, 로부스타가 30%의 비중을 차지한다. 그중 아라비카는 켄트와 버번이 주를 이루며 티피카나 N5, N35 등의 품종 또한 재배되고 있다. 탄자니아 로부스타는 깨끗하고 묵직한 특성이 있어 많은 커피인에게 선호되는 고품질 로부스타다.

* 가공

탄자니아 커피는 대부분 워시드로 가공되는데 대체로 케냐의 영향을 많이 받았다. 물 사용량이 많은 방식으로 워시드 가공을 진행하며, 일부 지역에서는 케냐 프로세스와 유사한 방식의 가공이 이뤄진다.

○ **특이사항**

탄자니아 커피는 천혜의 떼루아가 잘 반영된 깊이 있는 단맛과 기품있는 쓴맛이 균형 있게 펼쳐지며, 산미의 경우 케냐보다는 다소 톤이 낮다.

예멘

○ **일반사항**

예멘은 커피 역사에서 에티오피아 이상의 중요성을 지닌 국가다. 아라비아반도 끝에 위치해 지리적으로는 아시아에 속하지만 커피산지로서는 아프리카로 분류된다. 인류가 커피를 처음 재배한 곳으로 알려져 있으며 특히 예멘의 '모카항구'는 커피가 전 세계로 뻗어 나가게 된 시발점과도 같다. 이러한 역사적 가치로 인해 많은 커피인이 이곳을 방문하길 원하지만, 예멘은 현재 대한민국 여권법 제17조에 근거한 여행금지국가다.

○ **재배방법**

예멘은 험준한 산악지형에서 커피를 재배하는데, 척박한 토양에서 자라나는 커피나무가 신비로운 느낌을 준다. 이곳 사람들은 산의 능선을 따라 집을 짓고 그 인근에 계단식 밭을 만들어 커피를 재배한다. 이밖에도 작은 규모의 농장에서 커피를 경작하는 모습을 발견할 수 있다. 예멘의 커피나무는 키가 작고 체리의 숫자가 매우 적은 것이 특징이다.

○ **품종**

예멘의 커피 품종은 '모카'로 대표됐으나 최근 퀴마Qima에서는 '예메니아Yemenia'라는 이름을 붙였고, 예멘커피 전문 업체 '디 진테제Die Synthese'는 현

지에서 불리는 '우다이니Udaini', '하르디Jardi'라는 이름으로 품종을 구분한다. 이는 티피카를 지역별로 나누어 부르는 명칭이다.

○ **가공**

예멘은 기후가 건조한 덕에 과발효나 변질의 우려가 낮아 모든 체리를 내추럴 가공해왔다. 내추럴 가공은 넓은 공간에 체리를 넓게 펼쳐두고 말리는 것이 핵심이나, 예멘은 넓은 공간 대신 농부의 집 지붕 혹은 마을 공동 건조장에서 제한적으로 건조하는 것이 특징이다.

최근에는 무산소발효나 카보닉 메서레이션 등 가공의 통제가 이뤄지고 있다. 그 결과 더욱 다양한 커피를 만날 수 있게 됐다.

○ **특이사항**

커피의 역사적 관점에서 보자면 커피를 특색 있게 영위하는 문화를 지닌 국가라고 할 수 있다. '사나', '하라즈' 등의 지명으로 커피를 칭하는 것이 의미가 있었으나 최근 농부의 이름이나 특별한 이름으로 명명되는 사례가 늘어나고 있다. 전통을 벗어나 스페셜티 커피의 물결에 편승하고 있는 것으로 보인다. 퀴마, 포트오브모카Port of Moka 등의 옥션을 통해 커피가 판매되며 전 세계 사람들은 특별한 이야기를 지닌 예멘의 커피를 선점하기 위해 노력하고 있다.

2
중남미

아메리카 대륙의 커피 생산국은 중미와 남미로 구분해서 살펴보아야 한다. 중미에는 북쪽의 멕시코에서 남쪽의 파나마까지의 국가가 포함된다. 콜롬비아, 에콰도르, 브라질, 페루, 볼리비아 등은 남미에 속하며 이곳들의 커피는 중미 커피와는 차별된 특성을 보인다. 중미와 남미를 합쳐 중남미라고 일컫는 것은 편의를 위해서다. 커피의 특성이나 수확 시기 및 기후 등을 고려하면 중미와 남미를 구분해서 보는 것이 옳다.

남미

브라질

○ **일반사항**

브라질은 세계 최대의 커피 생산국이다. 연간생산량 5,821만 1,000bag으로 전체 생산량의 약 36%를 차지할 만큼 엄청난 양의 커피를 생산한다. 브라질 커피는 프랑스령 기아나로부터 전파된 것으로 알려져 있으며, 브라질 커피 산업은 노예를 바탕으로 성장한 것으로 전해진다.

○ **재배방법**

브라질은 아라비카 재배 고도의 마지노선인 약 800~1,000m의 해발고도에서 커피를 재배한다. 커피농장들은 이 고원지대에 대규모의 플랜테이션 형태로 자리하고 있다. 끝이 보이지 않을 만큼 넓게 펼쳐진 브라질의 플랜테이션은 전 세계에서 유일하게 기계식 수확 Mechanical Harvest 방식을 채용하고 있다. 커피나무를 감쌀 만큼 키가 큰 기계의 회전축에 달린 실리콘 혹은 플라스틱 막대가 가지를 타격해 체리를 떨어뜨리는 식이다. 농약 및 비료 살포 또한 기계를 사용해야만 하는 규모라서 길 위에 커피나무를 줄지어 심는 방식으로 재배가 이뤄지고 있다. 국토의 동남부 미나스 제라이스주를 중심으로 태평양 연안 인근 지역에서 커피가 생산된다.

○ **품종**

　브라질에서 가장 높은 비중을 차지하는 커피 품종은 '문도노보'이며 '카투아이'와 '버번' 또한 주를 이룬다. 이 외에 '아카이아', '이카투' 등 다양한 개량 품종이 존재한다. 브라질은 아라비카와 로부스타를 모두 생산하는데, 브라질의 로부스타 품종은 '코닐론Conilon'이다. 엄밀히 말하자면 이는 로부스타와는 구분되는 카네포라의 하위 품종으로, 폭발적인 생산량이 특징이다.

○ **가공법**

　브라질은 건조한 기후를 바탕으로 한 내추럴 가공을 주로 진행해왔다. 엄청난 양의 체리를 한 번에 건조할 수 있는 최적의 기후를 갖추고 있었기에 가능한 것으로, 건조는 '파티오'라고 부르는 대형 건조장에서 이뤄졌다. 하지만 제대로 관리되지 않은 내추럴 커피에서 나타난 부정적인 뉘앙스는 브라질 커피 전반에 대한 부정적 이미지로 이어졌다. 이에 이탈리아의 '일리Illy' 사와 함께 개량된 내추럴 가공법인 '펄프드 내추럴Pulped Natural'을 개발해서 적용하기 시작했다. 현재 브라질 커피 대부분은 내추럴 혹은 펄프드 내추럴로 가공되고 있는데, 펄프드 내추럴의 비율이 더 높아지고 있다.

○ **특이사항**

　브라질 커피의 명칭 중 가장 많이 알려진 것은 '산토스 No.2'다. 산토스는 동남부에 위치한 커피 무역항구의 이름에서 딴 것이고 No.2는 등급을 가리키는데, 이는 산토스 항구에서 수출이 가능한 등급이다. 내추럴 가공법을 거친 커피는 완벽한 커피가 될 수 없다는 전제로 No.1 등급은 부여하지 않는다. 산토스 항구에서 수출이 가능한지의 여부를 따져 No.2를 붙이거나 붙이지 않는다.

그간 브라질의 커피 산업이 생산량을 늘리는 데 집중되어 있었다면 현재는 품질을 높이기 위한 다양한 방법이 시도되고 있다. 브라질스페셜티커피협회(BSCA)는 저지대에서 재배된 품종의 향미를 극대화할 방법을 연구하고 있고, 커피와 관련된 논문을 가장 많이 발표하는 국가 역시 브라질인지라 커피 재배 및 가공과 관련된 사항은 브라질의 연구를 토대로 하는 경우가 많다.

세계적인 농장인 '다테하Daterra'를 중심으로 뛰어난 커피가 선보여지고 있으며, 이 밖에도 수많은 농장에서 저마다 경쟁력 있는 스페셜티 커피를 생산하고 있다.

콜롬비아

○ **일반사항**

콜롬비아는 세계 3~4위 수준의 커피 생산량을 자랑하는 나라다. 북쪽에서 남쪽으로 태평양 연안을 따라 뻗어 내려가는 안데스산맥 주변에서 커피를 주로 재배하며, 전 국토에서 커피가 생산된다. 콜롬비아의 수도 보고타는 해발고도가 2,640m에 이를 만큼 고산지대에 있다.

○ **재배방법**

콜롬비아 커피는 브라질과 다르게 안데스 고산지대의 떼루아를 머금고 있는 험준한 환경에서 생산된다. 해발고도가 워낙 높고 험준한 산악지형이 많아 대규모 플랜테이션 조성이 불가능하고, 노동집약적인 산업 구조를 지니고 있다. 그래서 농부들의 협회인 '콜롬비아커피생산자연합회Federacion Nacional de Cafeteros(FNC)'의 역할을 매우 중요하게 생각하며 커피와 관련된 모든 마케팅은 FNC를 활용해 진행한다. FNC의 로고를 보면 실제 농부인 후안 발데스Juan Valdez의 얼굴이, 그 뒤에는 뾰족하게 생긴 높은 산과 당나귀가 그려져 있다. 농부가 높은 산에서 커피를 키우고 이를 당나귀로 운반한다는 상징적 이야기를 담은 것으로, 이것만 보아도 콜롬비아의 커피 재배에 대해 어느 정도 이해할 수 있다.

○ **품종**

콜롬비아의 커피 품종은 카투라가 주를 이뤘다. 하지만 병충해가 카투라의 원활한 생장과 생산을 방해하자 병충해에 내성을 지닌 품종의 개발이 시작됐다. 그 결과 '카스티요Castillo'와 '콜롬비아Colombia'라는 품종이 새롭게 등장했고 현재 가장 많이 생산되는 것은 단연 카스티요다. 이밖에도 따비Tabi, 핑크버번Pink Bourbon 등 다양한 품종이 재배되고 있다.

○ **가공법**

콜롬비아는 워시드 커피의 대명사다. 전 세계에서 가장 먼저 워시드 가공법을 시행했을 것으로 추정하는 이들이 있을 만큼 내추럴보다 워시드 가공이 압도적으로 많이 이뤄져 왔다. 최근에는 그 판도가 조금씩 달라지고 있다. 여전히 워시드 커피가 주를 이루지만 무산소발효나 카보닉 메서레이션, 인퓨즈드 프로세스 등 다양한 가공법이 시도되고 있다.

○ **특이사항**

콜롬비아의 커피 구분 등급인 '수프리모Supremo'는 이제 하나의 대명사로 사용되고 있지만, 그 시발점은 콜롬비아가 확실하다. 콜롬비아에서 생산된 커피 중 수출이 가능한 커피를 '엑셀소Excelso'로 분류하고, 그중 스크린 사이즈 17 이상의 크기가 큰 커피를 추려 수프리모로 구분한다. 크기가 크다고 무조건 좋은 등급을 받는가? 혹은 크기가 크면 무조건 더 맛있는가? 라는 질문에는 아니라고 답하고 싶지만, 여전히 콜롬비아에서는 크기가 큰 수프리모가 더 높은 등급으로 간주된다.

우리나라는 에스프레소용 블렌드에 콜롬비아를 많이 사용하며 다른 국가에 비해 콜롬비아 커피 의존도가 높은 편이다. 그래서 콜롬비아 커피의 생산량 급감, 파업, 기후변화 등의 악재는 우리나라 커피 시장에 꽤 큰 타격으로 다가온다.

페루

○ **일반사항**

페루는 그다지 많이 알려지지 않은 나라였으나 최근 '가장 주목해야 하는 생산국'으로 각광 받고 있다. 중남미의 여느 생산국과 비교해도 절대 뒤지지 않은 품질의 커피가 생산되며, 2017년 COE가 개최된 이후로는 특별한 커피가 생산되는 곳으로 이미지 변신이 이뤄졌다. 페루의 커피 재배는 꽤 긴 역사를 지니고 있는데 북부, 중부, 남부로 지역을 구분해 그 특성들을 나열할 수 있다. 처음 커피 재배가 시작된 곳은 중부지역으로 재래종을 주로 재배했고 이후 북부, 남부 순으로 커피 재배가 이뤄졌다.

그러나 페루와 칠레 앞바다에서 시작된 엘니뇨el Niño*로 인한 병충해 때문에 티피카 품종의 커피가 모두 죽었다. 이로 인해 페루 커피 산업은 재건에

---

* 남미 페루 부근 태평양 적도 해역의 해수 온도가 크리스마스 무렵부터 이듬해 봄철까지 주변보다 2~10℃ 이상 높아지는 이상 고온 현상을 말한다. 발생 주기는 불규칙적이지만 보통 2~7년이며, 열대 태평양 적도 부근에서 남아메리카 해안으로부터 중태평양에 이르는 광범위한 지역에 발생하고 있다. 무역풍과의 상호 작용에 의한 것으로 추정되는데, 엘니뇨가 발생하면 지구 곳곳에 기상 이변이 일어 큰 피해를 초래하기도 한다. 엘니뇨가 기상 이변을 일으키는 원인은 아직 명확히 밝혀지지 않았다. 해수 온도가 달라지면서 대기 순환계가 변화하기 때문으로 추측되고 있다.

많은 시간이 필요했다. 피해를 극복한 시점은 2017~2018년 무렵이다. 새로 심은 품종들의 수확이 이때쯤 이뤄지면서 페루 커피 산업은 새로운 전환점을 맞이했다.

○ **재배방법**

페루의 커피 재배는 안데스산맥의 높은 고도가 만든 천혜의 떼루아를 기반으로 한다. 높은 일교차와 미시기후는 특별한 커피가 완성되기 위한 최적의 조건이다. 커피 농장은 1,500m부터 2,200m에 이르는 해발고도에 자리해 있으며, 대부분 1~3ha 정도의 토지를 소유하고 있는 농부들은 재배 및 수확 시즌이면 농장에 별장을 짓고 생활하고, 농장마다 펄퍼Pulper를 비치해 커피를 수확하는 동시에 가공을 시작한다. 생산되는 체리 양이 대체로 적기 때문에 농부들의 이익을 대변하기 위한 협동조합이 만들어졌다.** 한편 페루는 세계 1, 2위를 다투는 유기농 커피 생산국으로 알려져 있으며, 일반 커피의 재배도 활발하게 이루어진다.

○ **품종**

페루의 대표 품종은 단연 티피카와 버번, 마라고지페다. 이들 모두 재래종으로 페루에 처음 자리를 잡아 현재에 이르고 있으며, 로야Roja를 극복한 10년생 이상의 나무들이 여전히 건재하다. 2017년에는 페루 COE가 처음으로 개최되면서 농부들이 게이샤 나무를 심기 시작했다. 2022년 청년기에 접어든 게이샤에서 폭발적인 잠재력을 보이는 결실이 나오고 있다.

재래종이 주종을 이루긴 하지만 페루에서 가장 많이 생산되는 품종은 카투라, 카티모르 순이다. 이 밖에도 코스타리카, 마르셀, 그랑 콜롬비아 등 다양한 품종이 재배되고 있다.

** 페루 최초의 커피 협동조합은 1965년 만들어진 '산 후안 데 오로Coperativa San Juan de oro'다.

최근에는 게이샤, 마르셀, 코스타리카 95, 문도노보 등 본래 페루에는 없었던 신품종의 재배가 활발하게 이루어지고 있다. 이와 걸맞은 빈도로 카티모르 또한 재배되고 있다.

페루의 품종 논란

2019 페루 COE에서 챔피언을 차지한 품종은 '마르셀Marshell'이었다. 낯선 이름의 품종이었기에 대회를 주최했던 ACE 측은 WCR에 유전자 검사를 의뢰했고, WCR은 이 커피의 품종이 '코스타리카95'라고 결론을 내린다. 하지만 농부들은 이를 받아들이지 않고 여전히 마르셀이란 이름을 사용하고 있다. 앞서 언급했던 2021 페루 COE 2위 커피도 마찬가지다. '잉카 게이샤'라는 이름의 품종으로 출품됐으나 WCR의 유전자 검사 결과 'SL9'이라고 발표했고, 얼마 지나지 않아 다시 '게이샤 & 버번 블렌드'로 정정됐다.

페루에서만 이러한 품종 이슈가 발생하는 이유는 커피 재배의 역사상 외부로부터 유입된 품종이 코스타리카로부터 전해진 코스타리카95, SL9 등의 '병충해에 강한 품종'이란 점에서 유추해볼 수 있다. 엘니뇨로 인해 커피 산업의 재건이 필요했던 만큼 병충해에 대응하기 위해 수입 및 보급된 품종 중 게이샤가 섞여 있었던 것이 아닐까 생각된다.

○ 가공

페루의 가공법은 100% 워시드였다. 하지만 최근 내추럴과 허니 그리고 무산소발효가 활발하게 시도되고 있다. 페루는 본래 건기와 우기가 뚜렷한 커피 재배에 최적의 환경을 지니고 있었으나 기후 변화로 인해 건조 기간에 비가 내리는 등의 변수가 발생했기 때문이다. 즉, 기후적 한계에 대응하기 위

해 새로운 가공법을 적용하기 시작한 것이다. 비닐하우스 형태의 건조장을 짓고 습도 상승에 대비한 가공법을 시도하고 있지만 페루에서 생산되는 내 추럴 커피는 과발효될 가능성이 여전히 높다. 워시드 역시 높은 습도로 인한 부정적 향미가 관찰될 수 있기 때문의 유의해야 한다.

페루의 워시드 가공 중 시도하는 드라이 퍼먼테이션Dry fermentation도 매우 중요하다. 펄핑을 마친 파치먼트를 그대로 자루에 담거나 발효조에 방치해 공기와 접촉시키는 발효법이다. 이 과정에서 파치먼트에 남아있는 점액질이 다른 나라의 워시드 커피보다 큰 영향을 끼치기 때문에 허니 프로세싱과 비슷한 색상을 띤 생두가 만들어지기도 한다.

중미

과테말라

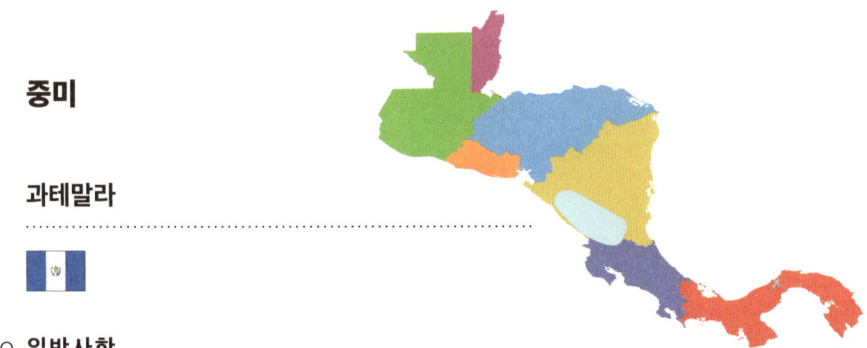

○ **일반사항**

과테말라는 정부의 장려로 커피 재배가 시작됐다. 직물 산업에 의존도가 높던 산업 구조를 재편하고자 커피 생산에 집중투자했고, 2022년 현재 생산량 대비 주목도가 높은 커피 생산국으로 자리매김했다. 과테말라에는 태평양 연안을 따라 산맥이 흐르는데, 이 산맥에는 활발하게 활동하고 있는 화산이 있어 토양의 영양이 풍부하고 배수가 원활하다. 커피 재배에 최적의 토양 조건을 갖추고 있는 셈이다. 기후는 다소 습하긴 하지만 커피 재배에 큰 무리가 없는 정도라 좋은 품질의 커피가 생산되고 있다. 가장 대표적인 생산지역으로는 '안티구아Antigua'가 있다. 이곳의 커피는 영양가 높은 토양의 영향으로 풍부한Rich 특성을 지닌다고 알려져 있다. 실제 재배 지역이 안티구아가 아님에도 불구하고 안티구아라는 이름으로 커피를 판매하는 이들이 있을 정도였다. 이에 안티구아 생산자들은 '제뉴인 안티구아Genuine Antigua'라는 자체 브랜드를 만들어 원산지 보호조치를 시행하고 있다. 이밖에 세계 최고의 농장으로 손꼽히는 '엘 인헤르토El Injerto'가 위치한 우에우에테낭고Huehuetenango가 스페셜티 커피 산지로 주목받고 있으며, 아카테낭고Acatenango, 코반Coban 등의 지역에서도 커피가 생산된다.

○ **재배방법**

높은 산의 비탈면에서 화산재 토양을 기반으로 한 커피 농업형태를 갖추고 있으며 대규모 플랜테이션이 아닌 소규모 농장이 주를 이룬다. 일조량을 조절하기 위해 셰이드 트리를 활용하는 그늘 재배법을 적극적으로 이용한다. 셰이드 트리로는 콩과의 나무인 '잉가Inka'종을 주로 사용하는데, 나무의 키가 크고 작은 잎이 많아 그늘을 조성하기에 적합하다.

○ **품종**

과테말라의 재배품종 중 가장 큰 비중을 차지하는 것은 단연 카투라와 카투아이지만 스페셜티 커피에 국한하면 게이샤와 파카마라가 주류를 이룬다. 이밖에 파체, 버번 등의 품종을 재배하기도 하나 생산량이 매우 적다.

○ **가공법**

전통적인 가공법을 주로 사용하며 워시드가 내추럴에 비해 더 높은 빈도로 이뤄지고 있다. 주변 국가보다 상대적으로 물이 풍부해 좀 더 순도 높고 발효취가 적은 워시드 커피를 생산할 수 있다. 내추럴 가공법은 스페셜티 커피에 아주 드물게 사용되기도 하지만 대체적으로는 찾아보기 어렵다. 공기 중 습도가 높아 발효취가 발생할 위험이 있기 때문이다.

○ **특이사항**

과테말라 커피에 붙는 수식어 중 하나는 '스모키Smoky'. 훈연 향을 지닌 스모키Smoky한 커피의 대명사로 일컬어지지만 이는 사실이 아니다. 과테말라의 커피 생산지역에는 여전히 활동 중인 화산에서 뿜어나오는 가스 냄새가 난다. 그러나 이 가스가 커피의 향미에 영향을 미친다는 것을 입증하는 객관적인 자료가 존재하지 않는다. 즉, 화산재로 이루어진 토양에서 재배된 커피라는 특징 때문에 생겨난 편견으로 짐작된다. 무엇보다 과테말라뿐만 아니라 상당수의 커피 생산지역에서 화산활동이 이뤄지고 있으나 이를 스모키와 연결짓는 경우는 드물다. 스모키한 커피라는 표현보다 영양가 높고 물 빠짐이 좋은 최적의 토양에서 재배되어 보다 풍부한 향미를 지니는 커피라는 설명이 적합할 것이다.

코스타리카

○ **일반사항**

코스타리카는 중미 국가 중 동서의 폭이 가장 좁은 나라다. 국토의 정중앙에 자리한 산 정상에 오르면 태평양과 대서양이 좌우로 펼쳐지는 천혜의 지리적 조건을 갖추고 있다. 영화 '쥬라기 공원'의 배경이 될 만큼 원시림이 잘 보존된 이곳은 전 세계 관광객들이 가장 많이 찾는 중미 국가다. 치안이 매우 좋으며 커피와 관련된 다양한 투어 프로그램이 잘 구성되어 있다.

○ **재배방법**

높은 산의 비탈면에서 배수가 좋은 화산토로 커피를 재배한다. 코스타리카의 일조량과 강우량은 교과서 수준만큼이나 커피 재배에 적합한 수준이다. 미시기후(微示氣候)라고 불리는 특별한 조건을 갖춘 지역이 많은데, 아침에 구름이나 안개에 의해 자연적으로 일조량이 조절되거나 공기 중 습도가 적절히 분포하는 등 다양한 조건들이 빠짐없이 갖춰져 좋은 커피를 생산할 수 있는 최적의 환경으로 꼽히고 있다.

○ 품종

과테말라와 마찬가지로 카투라, 카투아이가 대표 품종이다. 지속적인 개발을 통해 비야사치Villa Sarchi 같은 개량종과 게이샤 등 다양한 품종을 재배하고 있다. 로부스타의 재배를 법적으로 엄격히 금지하고 있다는 것이 특이사항이다.

○ 가공법

워시드 커피의 생산비율이 50%를 넘어서지만 2022년 현재 내추럴, 무산소발효 등 다양한 가공법이 시도되고 있다. 특히 펄프드 내추럴 가공법을 토대로 개발한 '허니'가 시작된 국가로 알려져 있다.

○ 특이사항

코스타리카 커피는 '밸런스'와 '감칠맛'이라는 키워드로 설명될 만큼 잘 짜여진 향미 스펙트럼을 갖추고 있다. 이에 소비국에서 다양한 용도로 사용되어왔다. 깔끔하고 깨끗한 워시드 커피의 시발점이다.

하지만 코스타리카 커피 산업은 중대한 기로에 놓여있다. 가장 많이 알려진 생산지역인 타라주Tarrazu가 수도인 산호세와 인접한 탓에 땅값이 상승하면서다. 농사를 짓지 않아도 될 만큼 많은 시세 차익을 얻을 수 있게 되자 커피 농업을 포기하는 생산자가 늘고 있다. 한편 타라주를 중심으로 센트럴 밸리Centeral Valley, 웨스트 밸리West Valley 등 다양한 지역에서 품질 좋은 커피가 생산되고 있다.

엘살바도르

○ 일반사항

　엘살바도르는 과테말라나 코스타리카에 비해 덜 알려진 생산국이었으나 2022년 현재는 중미의 주요 생산국으로 도약했다. 국경을 마주하고 있는 과테말라, 온두라스와 유사한 떼루아를 갖추고 있으며, 전 국토에서 커피가 생산된다.

○ 재배방법

　생산자들은 대체로 소규모 농장을 소유하고 있으며, 회사 혹은 조합에 소속되어 커피를 생산한다. 비옥한 토양을 바탕으로 단맛이 풍부한 기본기 탄탄한 커피를 만들어 내고 있다.

○ 품종

　엘살바도르의 주요 품종은 파카스다. 파카스는 엘살바도르 파카스 농장에서 발견된 버번의 자연변이 종으로, 현지 농부들은 이에 대한 자부심을 가지고 있다. 풍부한 단맛과 섬세한 과실 향이 특징인 이 품종은 온두라스와 과테말라로 전파돼 일부 재배되기도 했다.

　파카스와 마라고지페의 교배로 탄생한 파카마라도 엘살바도르에서 태동한 주요 품종이라 볼 수 있다. 파카마라는 게이샤와 함께 최고급 품종으로 여겨지며, 특유의 스파클링한 뉘앙스는 타의 추종을 불허한다. 이밖에도 카투아이, 카투라 등 다양한 품종이 재배되고 있다.

○ 가공법

　대부분의 엘살바도르 커피는 워시드로 가공된다. 풍부한 수자원을 보유하고 있어 워시드 가공법을 주로 사용하나, 물의 오염과 낭비를 줄이고자 발효 방식을 물 사용량이 적은 드라이 퍼먼테이션으로 전환하고 있다.

○ **특이사항**

엘살바도르는 파카스와 파카마라로 전 세계 커피 시장을 흔든 바 있다. 미지의 생산국에서 주요 생산국으로 그 위치가 치환된 것도 두 품종 덕분이다.

온두라스

○ **일반사항**

온두라스는 커피 산업 의존도가 매우 높은 국가다. 커피 산업으로 벌어들이는 외화가 사회의 근간을 이루고 있어 국가적으로 커피 산업을 육성하고 있다. 그 일환으로 설립된 온두라스커피협회IHCAFE는 각 지역에 잘 맞는 품종을 새롭게 개량하고, 생산자들에게 재배방법과 트렌드 등 다양한 정보를 제공한다. 덕분에 온두라스의 생산자들은 국가 차원에서 이뤄지는 체계적인 지원을 받고 있다. 커피 생산자의 자녀들을 위해 국립대학에 '커피비즈니스학과UNAH'를 개설하기도 했다. 이처럼 커피를 보다 가치 있게 만들고 판매하고자 다양한 노력을 기울이고 있다.

○ **재배방법**

온두라스는 앞서 살펴본 코스타리카, 과테말라만큼 커피 산업이 체계화되지 않았었는데, IHCAFE의 노력으로 비약적인 발전을 거듭하고 있다. 각 지역에 거점 실험농장을 조성해 생산자들이 실질적인 농업의 도움을 얻을 수 있게 했고, 각종 재배법을 선행해 안정성 있는 재배법을 교육하고 있다.

나무와 고랑의 간격 그리고 나무의 관리와 수확에 이르기까지 커피 재배와 관련된 사항을 적극적으로 알리고 있다.

○ 품종

　IHCAFE는 커피 품종 개량에 가장 열심인 단체다. 렘피라Lempira, IHCAFE 90 등 다양한 개량종이 이곳에서 개발되고 보급됐다. 이에 따라 온두라스는 카투라, 카투아이, 파카스 등의 품종을 병충해에 저항성을 지닌 개량종으로 대체하고 있다. IHCAFE가 개발한 품종 중 전 세계의 이목을 크게 집중시킨 것은 사치모르Sarchimor 계통의 '파라이네마Parainema'다. 이는 병충해에 저항성 있는 품종 개발을 목적으로 탄생했지만, 생산량 증대와 향미적 우수성 등 모든 방면에서 주목할 만한 품종으로 여겨지고 있다. 실제로 COE 상위에 랭크될 만큼 뛰어난 품질을 자랑한다.

○ 가공법

　일반적으로 워시드 가공을 주로 진행한다. 때에 따라 내추럴과 워시드를 시도하기도 하지만 극히 일부에 불과하다. 등급에 따른 커피의 가공이 조금은 차이를 보이는데, 커머셜 커피는 건조 단계에서 대형 건조기를 활용하기도 한다.

○ 특이사항

　온두라스 커피를 이해하기 위해서는 IHCAFE의 다양한 활동을 살펴보아야 한다. 재배, 품종 그리고 가공 등 다양한 분야에서 완성도 높은 생두를 만들어 내기 위한 표준화 공정을 개발하고 있다. 또한 소규모 농부들의 커피를 소비자와 직접 거래하기 위한 '오로 프로젝트Oro Project'를 진행하기도 했다.

파나마

○ **일반사항**

파나마는 게이샤의 나라다. 농부들끼리의 연합인 '파나마스페셜티커피협회Specialty Coffee Association of Panama'의 활동이 활발하며, 한 해 동안 수확된 커피 중 최고의 커피를 선발하는 '베스트오브파나마Best of Panama(BOP)'가 많이 알려져 있다. 이는 세계에서 가장 비싼 커피가 선발되는 대회로 유명하다.

파나마의 커피 재배 지역은 코스타리카와 국경을 마주한 바루 화산Vocan Baru을 중심으로 보케테Boquete와 치리퀴Chiriqui에 집중되어 있다.

○ **재배방법**

파나마의 커피 농장은 이곳으로 이주해온 미국 및 유럽계 사람들이 경영한다. 농장의 작업은 주로 파나마 토착민들이 맡으며, 커피를 판매하기 위한 마케팅 업무는 보통 농장주나 회사가 담당한다.

○ **품종**

카투아이가 주요 품종인데 게이샤만 재배된다는 잘못된 인식이 퍼져있다. 고지대에는 게이샤를 재배하고 저지대로 갈수록 카투아이의 비율이 높아진다.

○ **가공법**

파나마는 에코프로세싱을 가장 먼저 도입한 국가다. 에스메랄다 농장주의 설명에 따르면 가공과정 중 물 사용으로 인한 토양 및 수질오염의 우려를 막고, 기계로 점액질을 완전히 제거해 게이샤 품종 특유의 산미를 보다 생동감 있게 발현한다. 특별한 게이샤를 만들어 내기 위한 일부 마이크로 프로세스를 제외하고는 에코프로세싱으로 가공되는 사례가 많다. 내추럴이나 허니 같은 전통적인 가공법, 무산소발효와 카보닉 메서레이션 등의 새로운 가공법도 시도되고 있다. 특히 ASD_{Anaerobic Slow Drying}처럼 보다 세분화된 가공법이 진행되기도 한다.

○ **특이사항**

파나마는 운하로 인한 경제적 중심지였기에 외국인이 많이 정착하는 나라였다. 본래 콜롬비아와 하나의 국가였으나 1903년 미국의 지원으로 콜롬비아로부터 분리독립했다. 미국은 다양한 경제적 목적을 품고 파나마를 지원한 것으로 전해지며, 콜롬비아와 파나마의 관계는 그다지 매끄럽지 못한 것으로 알려져 있다.

3
아시아 및 기타

인도네시아

○ **일반사항**

인도네시아는 3,000개가 넘는 섬으로 이뤄진 국가다. 적도를 중심으로 남북에 흩뿌리듯 분포된 섬들이 각기 다른 문화와 환경에 놓여있다. 커피가 전해진 것은 네덜란드 식민지 시절로 역사가 꽤 깊다. 수마트라와 자바에서 생산되는 커피가 잘 알려져 있으나 술라웨시, 플로레스, 파푸아, 발리 등 거의 모든 섬에서 커피가 생산된다.

○ **재배방법**

주로 화산의 비탈면에서 커피가 재배된다. 화산활동에 의해 만들어진 섬나라답게 풍부한 미네랄을 함유한 토양에서 커피가 자란다. 저지대에는 로부스타를, 고지대에는 아라비카를 심는다. 강우량이 많고 습도가 높아 중~저고도에서는 아라비카 품종의 생장이 어렵기 때문이다.

○ **품종**

인도네시아에 처음 전래된 품종은 티피카라고 알려진다. 이 티피카가 인도네시아 고유의 떼루아에 정착하며 '자바Java'라고 명명됐다는 것이 정설이다. 하지만 가장 많이 재배되는 품종은 로부스타 계통의 HdT와 카투라가 만나 탄생한 '카티모르'다. 이 외 소수의 게이샤와 기타 품종이 재배되고 있다. 인도네시아 생산자들은 자국의 커피 품종을 아땡Ateng, 시가라우탕Sigararutang, 안둥사리Andung sari, 젬베Jembe 등의 이름으로 부른다. 이는 기존 품종을 변형한 커피에 붙인 자국어 이름인데 아땡과 시가라우탕, 안둥사리는 카티모르의 일종이고 젬베는 S795이다. 커피의 역사가 긴 만큼 이들 모두 인도네시아의 떼루아에서 정착 및 변형 혹은 개량을 통해 탄생한 품종이라 보아야 할 것이다.

인도네시아와 로야

인도네시아는 일찍이 다섯 손가락 안에 꼽히는 아라비카 생산국이었으나 로야로 인해 아라비카가 절멸했다. 커피 산업을 다시 복원하기 위해 로부스타와 카티모르를 장려하는 방식의 중흥책을 써 현재에 이르고 있다.

○ 가공

인도네시아 고유의 가공법은 '웻 헐링Wet Hulling', 현지어로는 '길링 바사Giling Basah'라고 부른다. 이는 습한 기후로 인해 탄생한 가공법이다. 본래 에티오피아와 예멘에서는 건조한 기후를 바탕으로 커피를 내추럴 가공하는데, 습도가 극도로 높은 인도네시아에서는 불가능했기 때문이다. 같은 맥락에서 물을 활용하는 가공법인 워시드도 인도네시아에서 시작됐을 것으로 추정된다.*

---

* 런던정치경제대학교에서 인류학을 전공한 마누엘 디아즈Manuel Diaz 박사는 "명백한 사료가 남아있는 건 아니지만 커피의 전파나 인류학적 흐름으로 볼 때 인도네시아에서 처음으로 워시드 커피가 탄생했다고 보는 것이 옳다. 중남미 생산국인 코스타리카와 콜롬비아도 워시드 가공법으로 많이 알려져 있지만 이들이 워시드를 시도한 건 인도네시아 이후로 추정된다"라고 말했다.

길링 바사는 펄핑 이후 생두가 마르지 않은 상태에서 파치먼트 껍질을 벗겨내는 방식이다. 워시드보다도 빠르게 생두를 얻을 수 있지만 이 과정에서 아직 수분이 남아있는 생두가 물리적 마찰로 인해 찢어지는 등 결점두로 직결되는 사례가 많았다. 인도네시아 커피에는 결점두가 많다는 인식이 있는데, 대다수의 결점이 가공과정에서 발생한다. 하지만 2022년 현재는 전통적인 가공법인 길링 바사 외에도 워시드, 내추럴, 허니, 무산소발효, 카보닉 메서레이션 등 다채로운 가공법이 시도되고 있다.

○ **특이사항**

2021년 인도네시아에서 처음으로 COE가 개최됐다. 상위 10위에 오른 커피들의 품종을 살펴보면 카티모르 계통이 대부분이며 가공법은 내추럴, 워시드, 허니, 웻 헐링 순으로 많았다. 전통적으로 생산하던 품종을 클래식한 가공법으로 가공하자 인도네시아 커피의 또 다른 면이 드러난 셈이다. 인도네시아는 수천 개의 섬마다 각기 다른 종교와 문화를 지닌다고 소개될 만큼 커피도 정말 다채롭다. 아시아 커피 생산국의 자존심과도 같은 이곳에서 앞으로 더욱 다양한 커피가 선보여질 것으로 예상된다.

인도

○ **일반사항**

아시아 커피 생산국에서 두 번째로 꼽히는 나라가 바로 인도다. 인도에는 꽤 이른 시기에 커피가 전파됐다. 메카로부터 일곱 개의 씨앗이 전해진 때를 인도 커피 역사의 시발점으로 볼 수 있는데, 정작 커피 문화가 꽃을 피운 지는 오래되지 않았다. 몬순 계절풍에 의해 독특한 풍미를 지니는 커피로 포장됐지만 그 향미가 그다지 긍정적이지 않아 스페셜티 커피 시장의 등장과 함께 소외됐던 것. 하지만 생산자들의 노력과 쉐리 존스 Sherri M. Johns 같은 미국의 커피 리더 덕분에 새로운 전환점이 찾아왔다.

○ **재배방법**

인도는 정글의 울창한 수림 속에서 자연친화적인 방법으로 커피를 재배한다. 노동집약적 산업인 만큼 성실한 생산자들의 섬세한 보살핌으로 품질을 개선하기 위한 노력이 이어지고 있다.

○ **품종**

주요 품종으로는 켄트와 K7이 있으며 CCRI Central Coffee Research Institute가 선별한 열세 개의 하이브리드 품종도 존재한다. 하지만 인도 커피 중에는 로부스타가 강세다. CxR이라는 일종의 카네포라 품종이 자생하고, 로부스타 또한 좋은 평가를 받고 있다.

○ **가공**

인도의 고유한 가공법은 '몬순'이다. 이는 인도 남부 지역에 부는 계절풍의 이름으로 소금기를 머금고 있다. 별다른 가공기술이 없던 때에 체리를 몬순 계절풍에 그대로 노출시켜 건조했고, 이 과정에서 커피는 소금기와 습도를 머금은 변질된 상태로 완성됐으며 생두 색상 또한 누렇게 변했다.

그러나 지금은 워시드와 내추럴 가공법을 몬순보다 훨씬 더 많이 시행한다. 보다 세밀한 제어로 완성도 높은 커피가 만들어지고 있다.

○ **특이사항**

'젬오브아라쿠Gem of Araku'라는 프로그램이 진행되고 있다. 아라쿠 계곡의 커피 생산자들이 자신들의 지역 커피를 특화시키기 위해 시작한 프로그램으로, 미국의 커피 컨설턴트 쉐리 존스가 함께 하면서 보다 많은 이에게 알려졌다.

2
생산량 추이

커피는 주식이 아닌 농산물 중 가장 주목받는 작물이다. 전 세계 물동량 2위라는 수치가 이 사실을 증명하며, 이에 ICO는 매년 각 생산국의 생산량을 집계해 통계화하고 있다. 커피 생산량 통계치는 ICO에서 집계한 것이 가장 객관적인 자료라고 할 수 있다.*

이 자료는 알파벳 순으로 정리되어 있어 원하는 생산국의 생산량 변동 추이를 쉽게 파악할 수 있다. (A), (R), (A/R), (R/A)로 표기된 부분은 생산하는 품종이 아라비카(A)인지 로부스타(R)인지, 혹은 둘 다(A/R), (R/A)인지

* ICO는 생산국과 소비국이 모두 가입해 있는 비영리 단체로, 커피와 관련된 사회적 이슈와 가격 및 생산량 추이 등 각종 통계자료와 기사를 발행하고 있다. 커피 관련 다양한 통계 수치는 ICO에서 발표한 자료가 가장 공신력이 높다.

(60-kilo bags)		Jan-22	Oct-21 to Jan-22	Feb-21 to Jan-22	Jan-21	Oct-20 to Jan-21	Feb-20 to Jan-21
TOTAL		10,862,613 1/	41,840,866 1/	128,981,952 1/	10,644,670	42,457,865	129,466,155
Colombian Milds		1,164,679	4,716,865	13,646,075	1,181,339	5,214,962	13,834,905
Other Milds		2,102,070	7,045,229	27,423,669	1,656,791	5,765,027	24,189,432
Brazilian Naturals		3,417,741	13,902,646	39,597,242	3,601,897	16,604,074	43,143,896
Robustas		4,178,123	16,176,126	48,314,966	4,204,642	14,873,801	48,297,923
Sub-total: All exporting Members		10,616,125	41,166,945	124,608,939	10,405,314	41,839,664	125,737,873
Angola	R	1,500	5,900	16,600	1,500	7,725	24,325
Bolivia (Plurinational State of)	A	3,100	17,600	36,300	2,582	10,578	20,159
Brazil	A/R	3,226,441	13,374,137	39,076,368	3,657,291	17,340,740	44,847,548
Burundi	A	25,000	66,000	328,000	38,000	91,656	234,737
Cameroon	R/A	13,000	46,000	183,533	16,250	56,473	192,345
Central African Republic	R	1,200	3,200	35,100	1,500	2,500	34,000
Colombia	A	1,045,119	4,353,561	12,495,209	1,072,648	4,685,854	12,498,995
Costa Rica	A	63,647	147,846	1,117,876	33,534	114,267	1,126,819
Côte d'Ivoire	R	44,176	180,248	783,147	73,798	244,650	1,348,694
Cuba	A	1,230	3,630	16,029	1,210	2,710	14,010
Democratic Republic of Congo	R/A	10,000	42,500	178,500	12,000	47,000	177,000
Ecuador	A/R	17,380	220,021	505,594	33,625	175,040	448,803
El Salvador	A	17,583	39,266	393,995	12,237	30,039	335,969
Ethiopia	A	220,000	1,036,546	4,201,270	142,563	797,580	3,443,137
Gabon	R	0	0	0	0	0	0
Ghana	R	1,100	2,345	6,342	644	1,955	3,476
Honduras	A	506,463	986,962	6,116,262	465,476	743,890	5,009,469
India	A/R	427,400	2,170,303	6,807,967	317,968	1,314,255	5,213,328
Indonesia	R/A	639,900	2,757,237	7,106,838	603,783	2,471,396	7,277,934
Kenya	A	37,210	129,501	647,688	37,258	299,789	859,296
Liberia	R	0	0	150	500	500	850
Madagascar	R	4,000	4,900	19,480	4,300	7,400	23,663
Malawi	A	2,300	5,300	15,300	2,000	5,250	13,450
Mexico	A	240,000	897,756	3,139,943	193,410	777,401	3,082,526
Nepal	A	50	140	930	21	338	742
Nicaragua	A	216,940	485,140	2,684,307	203,434	402,400	2,575,697
Panama	A	500	6,100	29,657	445	4,848	44,752
Papua New Guinea	A/R	43,000	275,160	762,804	25,058	233,918	669,845
Peru	A	427,750	2,035,585	3,585,102	150,690	1,624,035	3,552,941
Philippines	R	720	2,107	2,764	852	3,136	7,415
Rwanda	A	21,100	98,110	270,880	22,529	136,363	280,541
Sierra Leone	R	2,000	8,800	32,100	2,000	11,000	35,000
Tanzania	A/R	119,700	403,205	941,997	126,397	458,002	862,279

를 나타낸다. 둘 다 재배하는 경우 더 많이 생산되는 품종을 먼저 적는다. 이 점을 참고해 데이터를 확인하면 해당 생산국의 재배 동향을 알 수 있다. 단, 아라비카의 하위 품종(ex. 티피카, 카투라)까지 세부적으로 다루지는 않으므로 각 생산국의 품종 트렌드를 확인하기는 어렵다. 4월과 7월, 10월로 그룹을 구분한 것은 생산국별로 수확 시기가 다르기 때문이다.

ICO의 생산량 통계가 시작된 건 1990/1991년. 이때부터 매년 자료가 업데이트되고 있다. 그 추이를 보면 아라비카 품종은 해걸이*를 겪는 탓에 점

* 과실이 한해엔 많이 결실하고 그다음 해에는 아주 적게 결실하는 현상이 반복되는 것.

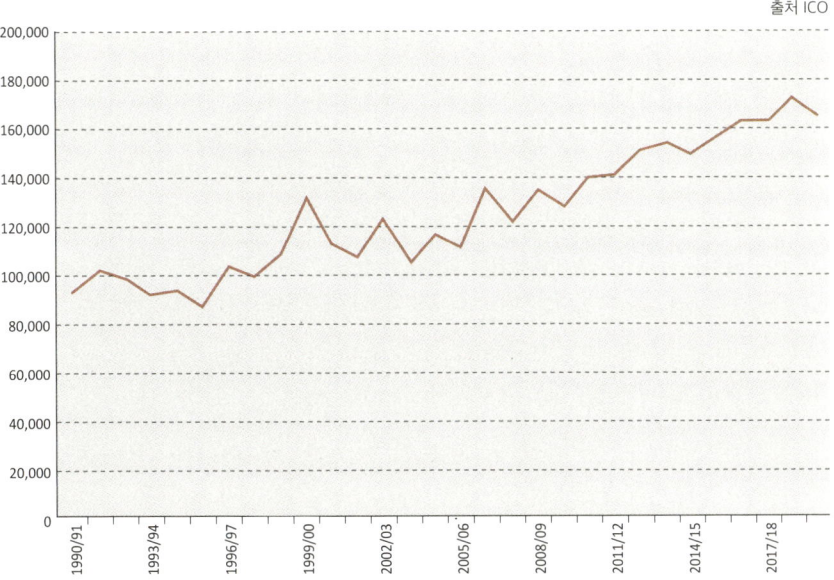

1990/91~2017/18 전 세계 커피 생산량 통계
단위: bag(60kg)
출처 ICO

진적 증가와 감소를 거듭하고 있다.

앞서 설명한 바와 같이 전 세계 커피 생산량은 상승과 하락을 반복하고 있기는 하지만 완만한 상승세를 그리고 있다. 기후변화로 인한 생산량 감소 혹은 코로나19로 인한 작업자 감소 등 악재만이 가득했는데 생산량이 상승곡선을 그린다는 점은 다소 의아하다. 병충해에 강한 품종이 개발되고 그로 인한 단위면적당 생산량이 증가한 점, 덕분에 보다 적은 노력으로 많은 양의 커피를 생산할 수 있는 토대가 마련된 것이 이유로 보인다. 하지만 생산량이 증가하는 것만으로는 소비자의 니즈를 충족시킬 수 없다. '커피 제3의 물결'이란 표현으로 설명되는 '스페셜티 커피'의 세상에서는 품질이 양만큼이나 중요한 잣대로 작용하기 때문이다.

품종의 개량과 방역 등을 통한 생산량의 안정화가 선행되어야 할 과제이지만, 품질의 상향 평준화도 생각해보아야 할 부분이다. 스페셜티 커피의 대유행 이전 커피 시장에서는 가격이 합리적이고 결점이 없는 커피가 필요했다면, 2022년 현재는 커피의 생산 정보가 투명하게 공개돼야 한다. 생산자는 커피와 함께 자신의 이름과 얼굴이 공개되기에 재배에 더욱 공을 들이고, 구매자는 생산자의 이야기를 소비자에게 소개할 의무가 생긴 셈이다.

2022년 9월 말 현재 ICO의 자료에서는 2019/2020년까지의 생산량만을 파악할 수 있다. 2020년 이후의 생산량이 집계되지 않아 코로나19로 인해 달라진 커피 생산의 현실이 반영되지 못한 것이다. 저개발국가인 커피 생산국을 덮친 코로나19는 고령 생산자들의 목숨을 앗아가고, 피커의 대이동을 막았으며, 유통망을 정체시키는 등 커피 시장에 큰 영향을 미쳤다. 게다가 2021년 브라질은 기록적인 냉해로 커피 생산에 타격을 입고, 콜롬비아는 반정부 시

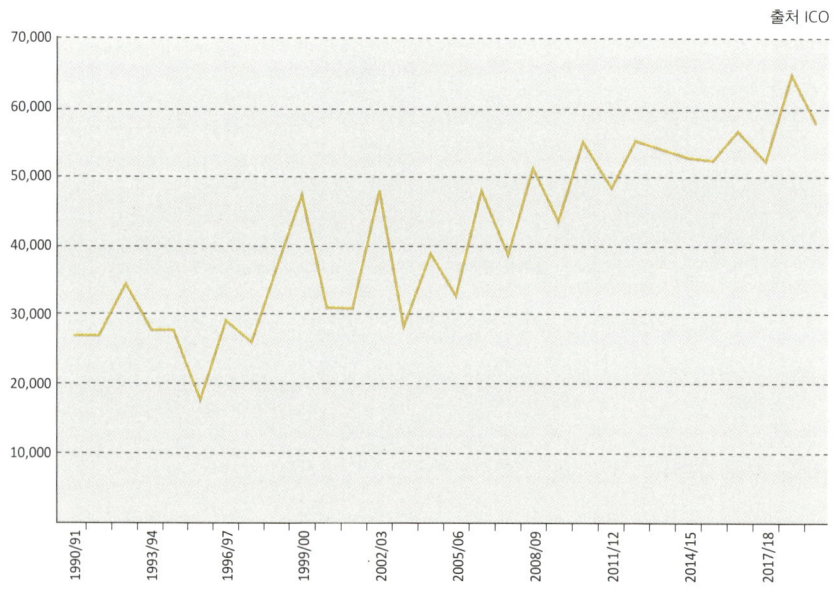

브라질 커피 생산량 추이
단위: bag(60kg)
출처 ICO

위로 인해 수출길이 봉쇄되기도 했다. 커피 시장에 큰 암초로 작용한 이러한 요소들이 생산량 추이에 어떠한 영향을 끼쳤을지 지켜보아야 할 것이다.

생산량 감소에 대한 우려는 당분간 지속될 전망이다. 콜롬비아는 2022년 습도가 지나치게 높아 두 번째 수확물에서 좋은 품질의 커피가 나오기 어렵고, 생산량은 예년에 비해 40%나 적어 커피 가격이 더욱 빠르게 오를 것으로 예측되고 있다. 페루와 볼리비아도 낮은 기온이 지속돼 커피나무의 생장 사이클이 느려지고 결실에도 문제가 생겼다. 이곳 생산자들은 커피 생산량이 30%는 감소할 것이라고 전했다.

커피 생산 및 가격 동향을 파악하기 위해서는 아라비카 생산의 양대 산맥인 브라질, 콜롬비아의 생산량 추이를 살펴볼 필요가 있다.

브라질 커피 생산량 추이를 보면 상승과 하강을 반복하는 전형적인 해걸

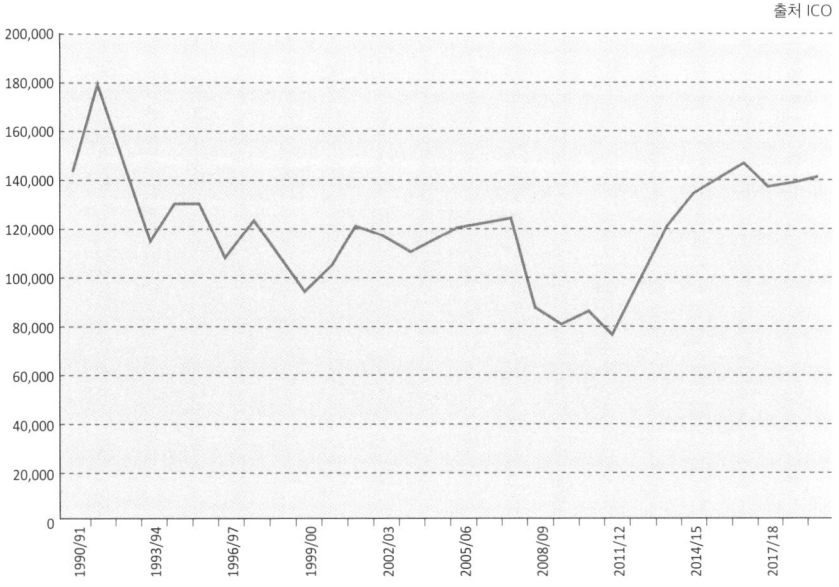

콜롬비아 커피 생산량 추이
단위: bag(60kg)
출처 ICO

이 작물의 동향을 엿볼 수 있다. 냉해로 어려움을 겪은 2021년 이후 생산량의 추이에 따라 전 세계 커피 가격의 변동성이 결정될 것으로 보인다.

콜롬비아의 커피 생산량 추이는 브라질과는 극명한 차이를 보인다. 대규모 플랜테이션을 중심으로 하는 브라질과 달리 고지대의 소규모 농장에서 커피를 재배하는 콜롬비아의 생산 현황이 잘 드러난다. 2008~2012년까지 감소세를 보였던 생산량은 2018년 다시 본궤도에 오르는 듯했으나 최근 또 주춤하고 있다. 콜롬비아 커피에 대한 의존도가 높은 우리나라 커피 시장에 시사점이 매우 커 보인다. 소비국은 '안정적인 물량 공급에 따른 가격 안정'이라는 바람을 품지만 생산국의 현실을 고려하면 이는 절대로 맞춰질 수 없는 퍼즐과도 같다.

3

커피 생산지역의 떼루아

아라비카 품종은 환경과 기후에 민감한 식물이기 때문에 재배 지역에 따라 큰 차이를 보인다. 따라서 생산지역의 떼루아를 파악하고 이를 통해 재배의 면면과 연관 짓는 작업이 매우 중요하다.

1
지리적 요건

아라비카가 재배되기 좋은 지리적 요건은 다음과 같다.

○ 높은 해발고도

아라비카는 해발고도가 높을수록 좋은 향미를 발현시킬 가능성이 커진다. 아라비카 종은 고온과 병충해에 취약해 주로 고지대를 선호하는 성향을 보인다. 그래서 일반적으로 해발고도가 약 800m가 넘는 지역*에서 재배되는데, 이처럼 높은 해발고도는 아라비카의 생장에 긍정적으로 작용한다.

해발고도가 높으면 커피의 생장 사이클이 느려진다. 낮은 기온과 큰 일교차가 식물의 생장 속도 및 체리의 성숙 속도를 늦춰서 커피생두의 세포벽을 두껍게 만든다. 덕분에 광합성을 통해 축적된 영양분이 밤사이 소실되지 않은 채 생두 안에 남게 되고, 궁극적으로는 생두의 밀도를 높이고 당분과 유기

* 위도와 경도에 따라 약간은 차이를 보인다. 브라질이나 에콰도르 등의 국가는 800m보다 낮은 지대에서도 아라비카가 재배된다.

산에도 긍정적 영향을 미친다.

○ **기온**

아라비카의 생장에는 연평균 19~21℃의 기온을 유지하는 것이 최적이다. 연평균 기온 16℃가 기본 조건이지만 더 좋은 조건을 꼽으라면 19~21℃다. 연평균 기온이 30℃를 넘어가면 엽록소가 파괴돼 정상적인 생장이 불가능하고 꽃과 결실에도 부정적 영향을 끼친다. 또 고온이 지속될 경우 곰팡이나 박테리아에 의한 병충해가 발생할 수 있어 그다지 바람직하지 않다.

○ **일조량**

아라비카 품종은 약 2,200여 시간의 일조량을 필요로 하나, 식물에 태양광이 직접 닿는 것은 피하는 것이 좋다. 지나치게 많은 일조량은 커피나무

의 생장을 촉진시켜 나무가 웃자라고, 체리가 당분과 산미를 충분히 응축하지 못한 채 성숙해버리는 변수가 될 수도 있다. 이러한 이유로 키가 큰 나무를 셰이드 트리로 심어 그늘을 조성하는 경우도 있는데, 일조량이 구름이나 안개에 의해 자연적으로 조절되는 국가나 지역도 있다. 이러한 '미기후(微氣候)'*를 가장 대표적인 커피 재배의 떼루아 조건으로 꼽기도 한다.

* 지표면으로부터 지상 1.5m 정도 높이까지 기층(접지층)의 기후. 지표면의 상태나 지물의 영향을 강하게 받아서 미세한 기상이나 기후상태의 차이가 생긴다. 접지층 내에서는 약간의 높이 차이로 기후상태가 크게 달라지므로 일반 기상관측이 행해지는 높이(1.2~1.5m)의 기후와는 상당한 차이가 있다.

Chapter 2

커피의 재배 및 품종

① 커피의 재배

1
품종의 선택

커피 재배 1단계는 농장 환경에 적합한 품종을 선택하는 것이다. 다음 장의 표는 주요 품종의 적합한 재배 고도를 정리한 내용이다.

만약 농장의 해발고도가 높다면 티피카, 버번, 게이샤 같은 품종을 선택하는 것이 유리하고, 농장의 고도가 다소 낮다면 카투라, 파카스, 비야사치, 카투아이 등의 품종을 고르는 것이 효율적이다.

농장의 환경에 맞는 품종을 선택했다면 종자 은행에서 커피 종자를 구매

품종	적합 고도
티피카 / 버번 / 게이샤	고지대
카투라 / 파카스 / 비야사치 / 카투아이 / 렘피라 / 파라이네마	저지대

하거나 나무에서 건강한 체리를 수확해야 한다. 체리는 나무의 맨 꼭대기나 아래쪽에 열린 것보다는 중간 부분의 것을 수확하는 게 좋으며 과숙 혹은 미성숙한 체리는 적합하지 않다. 대체로 개화 후 약 220일 정도가 지난 체리가 종자로 적합하다.

페루 종묘장에서의 코스타리카 95

2
종자 만들기

　수확한 체리를 종자로 만들려면 과육과 점액질을 빠르게 제거해야 한다. 이 과정에서 제일 중요한 것은 배아가 손상되지 않도록 하는 것이다. 배아는 생두에서 가장 민감한 부분이기에 그 어떤 물리적·화학적 손상도 입히지 않도록 해야 한다. 본래 커피의 가공과정처럼 펄핑하고 물에 담그거나 공기 중에서 발효하는 방법 모두 유효하나, 배아에 손상이 가지 않도록 조심히 다루는 것이 좋다. 점액질까지 완전히 제거했다면 깨끗한 물로 세척한 후 수분함량이 약 30~35%에 도달할 때까지 자연 건조 혹은 기계 건조를 진행한다. 건조가 완료된 뒤에는 수분을 유지시킨 상태에서 보관한다. 참고로 피베리Peaberry, 트라이앵귤러빈Triangular Bean, 브로큰Broken, 인섹트 데미지Insect Damage 등은 종자로 적합하지 않다.

건조 중인 파치먼트. 이를 파종하여 묘목으로 만든다.

하나의 체리에 세 개의 콩이 들어있는 트라이앵귤러빈

3
파종

    종자가 준비됐다면 너서리Nursery에 파종한다. 너서리는 배수가 수월하고 햇볕이 잘 들며, 관개시설이 용이한 곳이 좋다. 종자 1파운드당 1m²의 면적이 필요하다(너비 1~1.2m, 높이 15~20cm). 파종 직전 파종할 판과 토양에 끓는 물을 붓거나 태양광에 일정 시간 노출시켜 소독한다. 토양은 쉽게 이식(移植)이 가능한 모래류가 적합하며 1cm 깊이로 파종한다.

    파치먼트를 파종할 땐 센터컷 부분이 바닥을 향하도록 하고, 씨앗이 닿지 않도록 흩뿌리는 것이 좋다. 파종을 마친 다음에는 흙으로 덮은 뒤 지속적으로 물을 뿌린다. 물의 양은 흙이 젖을 정도면 충분하다. 물이 고일 정도로 붓는 것은 좋지 않다. 이후 배아가 손상되지 않도록 햇볕에 직접 노출되지 않게 관리해야 한다. 바나나 잎이나 천연 소재의 헝겊으로 덮개를 만들면 보다 원활한 발아가 가능하다.

    파종 후 약 45~60일 정도가 경과하면 발아가 시작된다. 이때부터는 덮개를 1m 정도 위로 띄워 통풍이 잘 이루어지도록 한다.

파치먼트를 심어 발아된 어린 커피묘목

4
너서리의 구성

너서리는 어린나무들을 위한 공간이라서 반드시 직사광선을 차단해 주어야 한다. 생장의 연습 시기와도 같은 단계이므로 완전히 바닥에 심지 않고 비닐이나 플라스틱 재질의 작은 화분 같은 곳에 파종한다. 뿌리가 약 15cm 길이에 다다를 때까지 너서리에서 생장해야 하기 때문에 뿌리가 충분히 뻗어 나갈 수 있는 공간이 필요하다. 어린 커피나무는 이곳에서 약 75~98일간의 생장을 거친 후 밭에 옮겨 심어진다. 대략 발아 후 약 6개월 정도가 지난 묘목을 옮겨 심는 것이 일반적이다.

그늘막이 쳐진 너서리에서 자라는 커피묘목(10개월 정도 자란 모습)

5
재배

이식된 어린 커피나무는 주변 환경에 적응한 후 생장을 이어간다. 커피나무의 생장에는 많은 수분과 영양소가 필요하므로 시기적절한 영양을 공급해 주어야 한다.

건강한 뿌리를 위해서는 인(P), 칼슘(Ca), 붕소(B)가, 녹색 잎을 위해서는 질소(N), 인(P), 칼륨(K), 마그네슘(Mg), 황(S), 망간(Mn), 아연(Zn)이 필요하다. 또한 개화를 위해서는 질소(N), 인(P), 칼슘(Ca), 붕소(B), 아연(Zn)이, 건강한 체리의 성숙을 위해서는 칼륨(K), 칼슘(Ca), 붕소(B)가 필요하다. 적절한 재배를 위해서는 다양한 미네랄을 적시에 공급해야 한다.

커피 재배를 위한 토양은 약알칼리성(pH 5.5~6.5)을 띠는 것이 좋다. 커피의 생장에 필요한 다양한 미네랄을 고루 지니고 있기 때문이다. 하지만 많은

나무의 건강상태를 점검하는 생산자(윌더 가르시아 Wilder garcia)

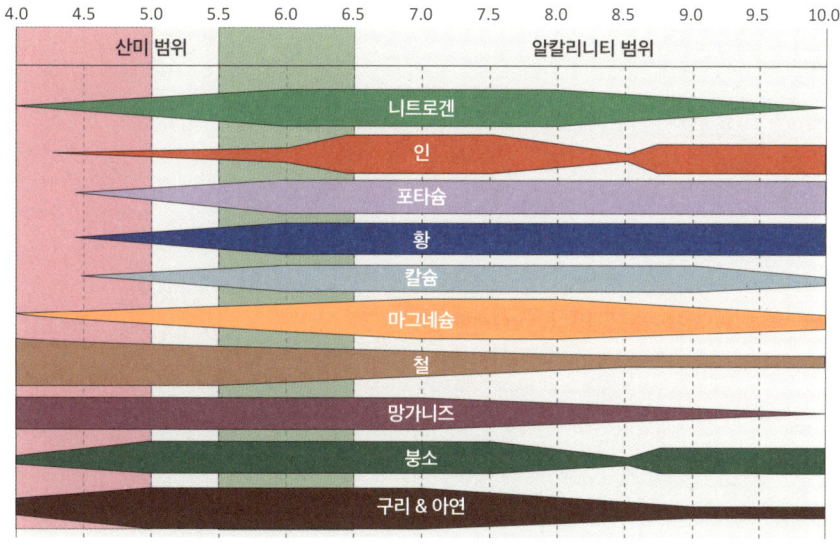

커피 농장이 pH 4.0~5.0 수준의 토양에서 재배를 이어가고 있어 토양의 영양 결핍으로 인한 어려움을 겪기도 한다. 앞서 언급한 바와 같이 커피나무의 생장에 필요한 영양소를 고르게 공급해 줘야만 더 좋은 결실을 기대할 수 있다. 토양의 알칼리화를 위해 석회질의 비료를 섞어서 사용하는 것 역시 효과적인 대안이다.

6
개화

개화를 위한 필수적인 영양소는 인(P)으로, 꽃이 필 시기에 인을 공급하면 더욱 많은 개화를 기대할 수 있다. 인은 비단 이 시기뿐만 아니라 커피나무의 생장 전반에 필수적인 영양소다. 휴지기를 가지던 커피나무는 '블루밍 샤워

커피꽃은 흰색으로 재스민 향을 지니며, 품종마다 각기 다른 형태를 보인다.

Blooming Shower'라고 불리는 비가 내릴 시점부터 꽃을 피우기 시작하는데, 커피나무 꽃은 일제히 피었다가 일제히 진다. 기후나 환경에 따라 산발적으로 개화하는 경우도 있다.

7
결실

꽃이 진 후에는 열매가 열린다. 처음 열매가 맺힌 후 완숙되기까지는 약 32주의 시간이 소요된다. 이 기간에는 풍부한 영양 및 일조량 공급이 필요하므로 적절한 거름과 비료를 투여하는 것이 좋다. 녹색으로 열린 체리는 9~17주에 이르기까지 점차 크기가 커지고 무게도 무거워진다. 그 후 18~20주에는 파치먼트가 목질화되며 배아가 완성되고, 21주 이후부터 점차 붉게 익어

일괄적으로 개화하고 결실을 맺기도 하지만, 모두 같은 타이밍에 일어나는 것은 아니다.

간다.

　커피체리는 색이 붉어져 감에 따라 점차 당분이 증가해 검붉은 색에 이르는 완숙기에는 약 20brix의 당도를 띤다. 반면 무게는 붉은색을 띨 때까지 차츰 증가하다가 검붉은 색이 되면서 오히려 감소한다. 수분이 증발하기 때문이다. 검붉은 색까지 익어 당도가 최고조에 이른 완숙된 체리만을 선별적으로 수확하는 것이 커피 품질을 높이는 길이다.

8
수확

　완숙된 체리를 수확하는 일에는 숙련된 피커의 능력이 요구되는데, 숙련된 피커의 인원은 제한되어 있고 이들을 필요로 하는 농장은 많다. 항상 피커가 부족한 것이 현실이라 많은 농장은 수확기가 되면 온 가족이 수확에 투입된다.

전 세계 대부분의 생산국에서는 사람이 직접 체리를 수확한다. 예외는 브라질. 브라질은 전 세계 커피 생산량의 30~40%를 차지할 정도로 많은 양의 체리가 생산되기 때문에 기계를 이용해 커피를 수확한다.

기계식 수확

브라질에는 약 800m의 고원지대에 넓은 평야 형태로 이루어진 커피 농장이 많다. 대부분의 농장은 재배, 수확 등을 수월하게 관리하기 위해 줄을 맞춰 커피나무를 심으며, 이는 모든 생산 공정에 효율성을 부여한다.

수확에 사용되는 기계는 커피나무 전체를 감쌀 만큼 높이가 높고 터널 같은 구조로 이루어져 있다. 커피나무가 이 터널을 지날 때, 실리콘 혹은 플라스틱 막대가 회전하며 나무를 쳐서 체리를 떨어뜨린다. 한 번에 많은 체리를 수확할 수 있고 인건비가 적게 드는 것이 장점이지만 단점도 있다.

기계식으로 수확된 체리에는 완숙된 체리 외에도 미성숙 체리, 나뭇잎, 나뭇가지 등 다양한 이물질이 들어있다. 그래서 이들을 다시 한 번 걸러내는 작업이 필요하다. 이보다 더 큰 단점은 터널을 통과하는 과정에서 가격을 당한 커피나무에 손상이 있을 수 있다는 것이다. 이는 곧 이듬해 커피 생산에 부정적 영향을 줄 수 있다.

손으로 하는 수확

가장 일반적인 수확방식이다. 매년 수확시기가 되면 수많은 사람이 체리

브라질만이 유일하게 커피를 기계로 수확한다.

셀렉트 피킹 중인 피커

를 수확하는 일에 매달리는데, 항상 일손 부족을 호소할 만큼 노동집약적인 작업이다. 열매 하나하나의 색상을 면밀히 살펴 잘 익은 체리만을 골라내는 일에는 엄청난 시간과 비용이 소요된다. 그럼에도 불구하고 수작업을 할 수밖에 없는 이유는 대부분의 농장이 급격한 경사면에 위치해있고, 커피나무를 자연 상태 그대로 재배하기 때문에 기계식 수확이 불가능해서다. 그래서 잘 익은 체리만을 하나씩 선별적으로 수확하는 '셀렉트 피킹Select Picking' 외에 '스트리핑Stripping'이라 불리는 훑어 따기를 하기도 한다.

하지만 스트리핑은 미성숙 체리가 섞여서 수확될 수 있고, 기계식 수확과 마찬가지로 나무의 잎과 가지가 손상될 염려가 있다.

2
커피 품종

커피는 꼭두서니 과(科), 코페아 속(束)에 속하는 식물이다. 커피 품종은 크게 코페아 아라비카Coffea Arabica(이하 아라비카)와 코페아 카네포라Coffea Canephora(이하 카네포라), 코페아 리베리카Coffea Liberica(이하 리베리카)로 분류된다.

아라비카는 카네포라와 유게니오디스C.Eugenioides*가 자연교배되어 생겨

* 유게니오디스는 중앙아프리카에서 발견된 것으로 추정되는 꼭두서니과 코페아속의 식물이다. 1,000~2,000m 사이의 해발고도에서 자라며 상업적으로 재배한 사례는 콜롬비아가 유일하다. 카페인 함량이 현격히 낮은 것으로 밝혀졌으며 산미가 극히 적고 단맛 중심의 향미를 지니고 있다.

난 것으로 알려져 있다. 에티오피아 서쪽 고원지대에서 발견되어 현재에 이르고 있으며, 뛰어난 향미로 현재 커피 시장을 주도하고 있다. 아라비카의 첫 발견과 관련해서는 에티오피아 서쪽의 카파Kaffa(현재 지명은 짐마Jimma)에서 발견됐다는 설과 에티오피아와 수단의 접경지역에서 발견됐다는 두 가지 설이 존재한다. 하지만 이 중 전자가 조금 더 인정받고 있다. 그래서 에티오피아 내에서도 이 지역이 커피연구의 메카로 여겨지고 있는데, 이곳의 짐마대학에서는 다양한 커피 관련 연구가 이뤄지고 있다. 미국 카운터컬처커피Counter Culture Coffee에서 발간한 「A Reference Guide to Ethiopian Coffee Varieties」도 짐마대학의 연구 자료를 바탕으로 한 것으로 알려져 있다. 짐마대학은 '토착종Heirloom'으로 묶여 불리던 에티오피아의 품종을 세분화하는 작업을 했다. 발견 연도를 반영해 이름 짓거나(ex. 74XXX, 75XXX 등), 인근 지역의 지명 혹은 토착식물 등의 이름을 딴(ex. 쿠르메Kurme, 데가Dega) 품종들이 있다. 이러한 활동 덕분에 2021년 처음 개최된 COE에도 구체적인 품종의 이름이 언급되었다. 에티오피아 커피의 발전을 위한 토대를 마련한 셈이다.

카네포라는 아프리카 콩고에서 발견됐으며 그 하위 품종에 속하는 로부스타로 대변되는 품종이다. 전 세계 생산량의 약 30~40%를 차지하며 병충해에 강한 특성과 높은 생산성으로 주목받고 있다. 특히 기후변화가 극심하게 일고 있는 현대 커피 시장에서는 아라비카와 로부스타를 접목하는 작업이 활발하게 이루어지고 있다. 로부스타는 베트남, 인도네시아를 중심으로 한 아시아 지역에서 가장 많이 재배되며, 일부 아프리카와 중남미에서도 생산되고 있다.

이어서 살펴볼 내용은 아라비카의 하위 품종에 관련된 이야기다. 그중 품종의 특성에 관한 부분을 먼저 살펴보자. 이 책에서는 아라비카를 크게 세 가지 갈래로 분류한다. 에티오피아 각 지역에서 태동한 품종을 지칭하는 '랜드레이스Landrace', 아라비카의 원종으로 여겨지고 있는 '티피카Typica & 버번Bourbon', 마지막으로 '로부스타 하이브리드Robusta Hybrid'다.

1
랜드레이스

랜드레이스란 '원시품종'이란 의미로 사용되는 숙어다. 아라비카의 고향이라 불리는 에티오피아의 각 지역에서 자라는 서로 다른 원시품종들이 모두 이 카테고리에 포함된다. 이 중에는 게이샤, 자바, 우쉬우쉬 등 우수한 품질로 주목받고 있는 품종들이 존재하며, 현재도 새로운 품종이 발견될 만큼 그 영역이 넓다.

게이샤 Geisha

게이샤는 에티오피아 서쪽의 게샤Gesha 마을에서 탄생한 품종에서 유래됐다. 이 품종의 발견과 관련된 이야기는 자세히 전해지지 않았으나, 발견 이후 커피잎병에 저항성을 지닌 것으로 여겨져 케냐의 품종연구소로부터 채집됐다. 그 후 중미에 불어 닥친 병충해에 대응하기 위한 목적으로 코스타리카로 처음 전해졌으며 나중에는 파나마에 도달했다. 전파 당시만 해도 그다지 주목받는 품종이 아니었으나 2004년 열린 베스트오브파나마(BOP)에 출품된 '에스메랄다 하라미요Esmeralda Jaramillo'가 지닌 특별한 향미로 인해 주목받기 시작했다. 이를 제출했던 에스메랄다 농장의 게이샤는 '전 세계 게이샤 커피의 베이직'이란 닉네임과 함께 매년 엄청난 가격으로 팔려나가는 커피로 자리매김했다. 2004년 BOP 이후 파나마 전역에 게이샤가 재배되기 시작

했으며 인접 국가인 코스타리카와 과테말라, 페루, 볼리비아의 생산자들도 게이샤를 심었다.

   게이샤 나무는 굵은 기둥을 중심으로 하늘을 향해 가지를 뻗는다. 본 가지를 제외하고는 잔가지가 잘 생기지 않고, 붉은색과 노란색 체리가 열리는데 결실은 다소 적은 편이다.

   WCR에서 발간한 자료에 의하면 새순의 색상은 녹색과 동색 모두 존재하고, 커피콩의 크기는 중간 정도다. 잎은 길쭉한 외관에 주름이 다소 적으며 가운데에서 위쪽으로 살짝 말려 올라간 형태를 지닌다.

   주요 향미는 재스민Jasmine, 복숭아Peach, 베르가모트Bergamot로 알려져 있으나, 모든 게이샤가 이러한 향미를 명징하게 보여주는 것은 아니다.

게이샤와 관련된 논쟁들

게이샤의 인기가 높아지면서 원조 논쟁에 불이 붙었다. 2004년 지금의 게이샤를 있게 한 파나마 에스메랄다 농장의 게이샤가 원조라는 이야기가 공론화되면서다. 게이샤가 중미로 건너올 당시 붙여진 'T-2722'라는 코드를 인용해 자신의 게이샤의 정체성을 표시한 농장이 있는가 하면, 에스메랄다 농장에서 가져온 종자라는 걸 강조하며 '레전더리 게이샤Legendary Geisha'라는 명칭을 붙이고, 게이샤가 아프리카에서 중미로 전해진 연도인 1931년을 붙여 '1931 게이샤'라고 부르기도 한다.

게샤와 게이샤라는 명칭으로 혼란을 겪는 이들이 많다. 게이샤 품종이 처음 발견된 지명은 '게샤'이지만 전파과정 중 폭발적인 잠재력을 보여준 당시의 이름은 '게이샤'다. 무엇이 옳고 그르다고 하기보다는 어떤 부분에 조금 더 가치를 둘 것인가에 대한 부분이라고 보는 것이 옳다. 발견된 지역으로서의 정당성을 보자면 게샤, 전 세계에 알려진 품종으로서의 가치를 따지자면 게이샤가 맞다. 에티오피아 게샤 마을이 여전히 존재하기에 이 지역에서 생산되는 커피는 모두 '게샤Gesha'라고 부르는 것이 옳다. 이를 활용해 상호를 지은 회사 '게샤 빌리지Gesha Village'는 게샤 숲의 세 가지 형태로 게이샤를 분류해 판매하고 있다. 파나마 게이샤와 같은 외형을 지닌 '게샤 1931', 게샤가 처음 발견된 당시의 숲의 이름인 '고리 포레스트Gori forest 게샤', '일루바보르 포레스트Illubabor forest 게샤' 이상 3종이다.

또 한 가지로 '진짜 게이샤와 가짜 게이샤'라는 논쟁이 끊이지 않고 있다. 파나마 에스메랄다 농장에서 재배되는 게이샤는 생두가 길쭉하고 양 끝이 뾰족한 형태를 지니며 센터컷이 곡선을 그리고 있다. 하지만 다른 국가의 게이샤는 파나마에 비해 다소 크기가 작고 동글동글한 외형을 띠는데, 이러한 형태의 차이에 따라 향미가 조금은 달라진다는 것. 그러나 게샤 숲에서 발견된 품종이라면 게샤/게이샤라는 이름을 붙이는 것에는 문제가 없다. 게이샤의 진위여부를 논하는 것보다 자신의 앞에 놓인 한잔의 커피로서의 가치를 평가하는 일이 필요해 보인다.

자바 Java

자바 품종의 시작은 네덜란드인을 통해 인도네시아에 심겨진 1930년대라고 볼 수 있다. 다만 당시 심어진 품종의 종류에 대한 기록이 남아있지 않기 때문에 그 정체를 정확히는 알 수 없다. 본래 잎끝의 색상이 동색을 띠고 있어 티피카 계통의 선택종이라 여겨져 왔으나, 유전자 검사결과 '아비시니아Abysinia'라는 결과가 밝혀져 에티오피아 토착종이 전해진 것으로 알려졌다.

자바는 녹병과 베리병에 모두 저항력을 지닌 것으로 알려져 1991년 코스타리카에 도입*됐다. 자메이카 블루마운틴이나 하와이안 코나처럼 외부 간섭으로부터 차단된 섬에서 품종 본연의 특징을 잘 간직하고 있는 것으로 여

* 높은 질병저항성으로 주목받아 육종학자 브누아 베르트랑에 의해 전파되었으나, 공식적으로 배포된 것은 파나마가 유일하다. 자바는 고지대에서 재배되었을 때 품질이 뛰어난 성향을 보여 향후 중남미 품종의 핵심이 될 것으로 기대된다.

겨진다. 하지만 각 품종이 해당 국가의 떼루아에 완벽하게 적응해 나름의 특성을 지닌 것으로 보아야 타당하다. 최근에는 블루마운틴을 하나의 품종으로 분류해 파푸아 뉴기니 등의 국가에서 재배하고 있기도 하다.

이 품종은 인도네시아 자바 섬에서 성장했지만 세계적으로 알려진 품종의 우수성을 대변하는 국가는 볼리비아다. 볼리비아에서 개최된 지역 옥션에 랭크된 커피 중에는 자바 품종이 심심치 않게 눈에 띈다. 게이샤처럼 플로럴한 향미를 지닌 경우는 드물지만 뚜렷한 색채의 과실 향을 가지고 있어 많은 이의 사랑을 받고 있다. 자바 나무는 화초처럼 가지가 하늘을 향해 뻗어 올라가는 것이 특징이며 보통 수준의 결실을 맺는다. 생두는 길쭉한 타원형으로 게이샤와 비슷한 형태를 띤다.

2
티피카 & 버번

에티오피아에서 처음 발견된 것으로 알려진 티피카, 티피카가 부르봉 섬(현재의 레위니옹 섬)으로 전해져 변이한 버번. 두 품종은 아라비카 품종 중 가장 긴 역사를 지닌 재래종으로 평가된다. 둘 다 큰 키와 적은 결실이라는 공통점을 지니는데, 이는 아라비카 원시종의 특성으로 여겨진다.

티피카 계통

티피카 Typica

티피카는 아라비카의 전형적 특성을 지닌 품종이다.* 식물의 키는 2~3m

에 이르고 마치 넝쿨처럼 얽혀있다. 잎병과 베리병 그리고 네마토드에 모두 취약해 농부들 사이에서는 선호 받지 못하고 있다. 오래전 전해진 커피나무가 현재도 야생으로 자라는 경우가 많은데, 별다른 관리가 이뤄지지 않아 바닥에 떨어진 종자로 자연스레 숲의 형태를 이루곤 한다.

    나무 형태를 살펴보면 본 가지는 바닥에서 올라오고, 가지가 길게 뻗어 넝쿨 같은 형태를 보인다. 또, 나무 상단부에만 적은 수의 잎이 보이는데 잎은 주로 주름이 적고 크기가 작다. 새롭게 돋아난 새순은 동색을 띤다(브론즈 팁 Bronze tip**).

  * 스페인어권 국가에서는 '전형적'이라는 의미의 스페인어인 '크리오요Criollo'라 불리기도 하며, 카카오의 경우 재래품종을 '크리오요'라 부른다.

 ** 브론즈 팁은 티피카의 후손이 지니는 매우 중요한 특성이라 여겨진다.

티피카는 4년생에 접어들 때부터 수확이 시작되는데 한 그루당 수확량이 약 300~400g에 불과할 만큼 적다. 이처럼 결실은 적지만 품질이 뛰어난 것으로 알려졌다. 생두의 경우 길쭉한 타원형에 S자 센터컷을 보이는 것이 전형적인 특징이다. 주요한 향미로는 플로럴Floral, 시트러스Citrus 등이 있으나, 수령이 오래된 나무는 우디Woody한 뉘앙스를 보인다.

파체 Pache

파체는 과테말라에서 발견된 티피카의 자연변이종이다. 모든 특성은 티피카와 같거나 유사하지만 키가 작은 것이 특징으로, 키가 지나치게 큰 티피카 품종보다 재배에 용이하다. 고지대에서 좋은 품질을 내는 것으로 알려져 있고, 특히 페루에서 향미적 우수성이 언급되고 있다.

파체는 플로럴보다는 시트러스나 핵과류 계통의 향미가 도드라지며, 단맛이 풍부한 것으로 알려져 있다. 생두의 모양은 티피카에 비해 다소 둥근 편이다.

마라고지페 Maragogype

마라고지페는 브라질 마라고지페 시에서 발견된 티피카의 자연변이종이다. 현재 밝혀진 아라비카 품종 중 콩의 크기가 가장 거대하다. 농부들 사이에서 이는 티피카와 마찬가지로 키우기 어렵고 결실이 매우 낮은 품종으로 생각되어 왔다. 마라고지페는 생두의 크기뿐 아니라 나무의 키와 나뭇잎의 크기 또한 매우 크다. 몇몇 국가에서는 생두가 지나치게 큰 탓에 이를 결점으로 분류해 폐기하기도 했다. 이처럼 그다지 주목을 받지 못하던 마라고지페는 '파카마라'의 등장과 함께 향미적 우수성에 대한 재평가가 이뤄지고 있다. 실제로 페루 고지대에서 재배된 마라고지페의 경우 파카마라와 견줄 만한 특별한 향과 맛을 지니기도 한다. 예를 들어 파파야, 망고, 샬롯 등의 이국적 뉘앙스다. 하지만 티피카와 마찬가지로 수령이 오래된 나무는 다소 우디한 플레이버가 발현된다.

버번 계통

버번은 부르봉 섬을 통해 전 세계로 뻗어 나간 커피 산업의 핵심품종이다. 전 세계 커피 생산국의 상당수는 버번 계통의 품종을 재배하고 있으며, 하위 품종의 종류 또한 매우 다양하다. 여러 하위 품종이 존재하는 만큼 각국의 떼루아에 적응하여 변이하거나, 인공교배를 통해 새롭게 탄생한 품종이 다수 존재한다. 현재도 병충해에 대처하기 위한 품종의 아버지 혹은 어머니 품종으로 버번 계통이 사용되고 있다.

버번 Bourbon

버번은 WCR의 품종 가이드북에서도 1페이지의 분량을 차지할 만큼 대표적인 아라비카의 하위품종이다. 이는 에티오피아의 토착종 중 하나로 추정되며, 에티오피아에서 예멘으로 전해진 버번이 프랑스 선교사에 의해 부르봉 섬에 식재되면서 그 역사가 시작됐다. 당시 버번 품종은 부르봉 섬에서만 생산됐으나, 1800년대 중반부터 선교사들에 의해 아프리카, 아메리카 대륙에 전파됐다. 이 중 아프리카 대륙에서 재배된 버번은 기존 버번의 품종 특성을 그대로 지니고 있었지만, 중남미로 전해진 버번은 환경과 기후에 따른 변이를 겪었다. 이로 인해 카투라, 카투아이, 문도노보 등의 버번 개량종이 주를 이뤘다.

버번 나무는 키가 크고 가지가 길게 뻗어 나가며, 체리 수확량은 매우 적다. 새순의 색깔은 녹색을 띠고(그린 팁 Green Tip) 버번의 하위 품종들은 이러

한 특성을 모두 닮았다. 향미는 예멘의 모카와 유사한 특성을 보인다. 짙은 달콤함과 함께 다양한 과일의 뉘앙스를 겸비하고 있다.

모카 Mocha

'모카'는 예멘의 무역항구 이름으로, 이곳에서 수출된 커피는 모두 모카라는 이름을 사용했다. 예멘 커피 품종의 기원에 대해서는 사실 정확하게 밝혀진 바가 없다. 현재 예멘에서는 모카 품종을 '우다이니Udaini'와 '자디Jaadi'로 구분하고 있으며, 이 둘 간의 명확한 식물학적 차이는 알려지지 않았다. 예멘 커피를 전문적으로 취급하는 업체에서 제공하는 자료에 의하면, 지역별로 식재된 나무가 다르기는 하지만 비슷한 품종으로 판단한다고 한다.

예멘의 커피나무에서 수확된 종자가 부르봉 섬으로 옮겨지면서 버번이라는 품종 이름이 붙었는데, 사실 예멘의 커피 품종이 모두 버번과 같은 계열이라고 보는 것은 옳지 않다. 앞서 언급한 두 가지 모카 품종 중 자디는 버번류의 식물학적 특성을 그대로 계승하고 있지만, 이와 달리 우다이니는 브론즈 팁을 지니고 있다. 그러므로 예멘의 커피가 모두 같은 품종이라고는 할 수 없다. 이처럼 모카 품종은 에티오피아에서 발견된 몇몇 토착종이 예멘으로 전해진 것을 기원으로 보아야 할 텐데, 보통 자디류의 품종이 이 전파와 관계되어 있으며, 우다이니는 전파가 이뤄지지 않은 티피카류의 품종으로 보인다. 실제로 향과 맛의 차이도 존재한다. 자디는 달콤하고 고소한 버번 계통 플레이버가 발현되는 반면, 우다이니는 플로럴하며 프루티한 티피카적 뉘앙스를 보인다.

모카를 하나의 품종으로 여기는 것은 커피 전파의 관점에서는 매우 중요한 요소일 수 있겠지만, 예멘 커피 전반에 관한 이야기를 개진하는 것이 보다 명확한 모카의 정체를 밝히는 방법일 것이다.

파카스 Pacas

엘살바도르 파카스 농장에서 발견된 버번의 자연변이종이다. 티피카류의 파체처럼 키가 작은 버번으로 여겨지며, 향과 맛은 버번의 특성을 그대로 계승하고 있다. 재배가 용이하고 생산이 수월한 덕에 엘살바도르 전체 커피 생산량 중 약 25%의 비중을 차지하는 것으로 알려져 있다. 생두는 버번류 품종처럼 동글동글한 형태를 보이고, 센터컷을 기준으로 한쪽 면이 살짝 뒤틀려있다.

카투라 Caturra

중남미 대표 품종인 카투라는 브라질에서 발견된 버번의 자연변이종이다. 나무의 키가 작아 과라니어로 '작다'라는 뜻의 카투라라고 명명됐다. 카투라는 이처럼 키가 작아 밀집 재배가 가능하고 생산이 안정적이라 많은 중미국가에서 재배가 장려되어 왔다. 콜롬비아의 경우 한때 카투라의 재배 비율이 약 50%에 달하는 수준이었고 과테말라, 코스타리카 등의 생산국에서도 대표 품종으로 자리 잡았다. 하지만 녹병, 베리병, 네마토드에 저항력이 약해 이를 강화하기 위한 개량이 필요했고, 카투라와 HdT Hybrid de Timor 와의 교배를 통해 카티모르가 탄생했다.

카투라 나무는 앞서 언급했듯 키가 작고, 티피카나 버번에 비해 가지가 많아 수확량도 많다. 생두는 둥그렇고 넓적한 타원형을 띤다. 화려한 과일 향미를 지니며 세대를 거듭해도 안정적인 향미를 기대할 수 있다.

SL 시리즈

SL은 현 국립 농업연구소인 '스콧농업연구소Scott Laboratory'의 약자로, 케냐의 품종 연구소에서 개발된 품종이다. 이 연구소는 케냐 전역에 분포해 있는 나무의 생산성, 품질, 가뭄과 질병 저항력에 대해 연구하여 각 품종의 이름을 일련번호로 명명했다.

그중 SL28은 탕가니카 드로우트 레지스턴트로 명명된 개체 중 하나로 가뭄과 병해충에 견디는 품종이다. 컵 퀄리티 또한 뛰어나며 인근 아프리카에도 전해질 만큼 안정적 생산이 가능하다고 알려져 실제로 여러 중남미 국가에서도 이를 재배하고 있다. SL28은 새잎이 주로 녹색을 띠어 버번 계통의 품종이라 여겨지지만, 때에 따라 동색을 띠기도 한다.

SL34는 애당초 버번 계통의 품종으로 여겨져 왔지만 최근 진행된 유전자 연구 결과 티피카의 유전학적 색채를 가지고 있는 것으로 밝혀졌다. 프랑스 선교단이 부르봉 섬에서 가져온 종자를 케냐에 심으면서 '프렌치 미션French Mission'이라는 별명이 붙기도 했던 SL34는 부르봉 섬의 품종 연구에도 커다란 시사점을 지닌다.

티피카 + 버번

아라비카의 양대 산맥인 티피카와 버번이 자연교배된 품종들도 있다. 이 품종들의 잠재력은 매우 크다. 부모 양쪽 모두의 우성유전자를 지닌 1세대 품종은 더욱 큰 가치를 지닌다고 볼 수 있다.

문도노보 Mundo novo

브라질 상파울루 주에서 발견된 품종이다. 티피카와 버번의 특성을 그대로 계승해 나무의 키가 매우 크다. 새잎의 색상은 녹색 또는 청동색으로 부모의 특성을 각각 닮아 있어, 새잎의 색에 따른 향미적 구분이 필요해 보인다. 다른 여러 가지 요소보다도 생산량이 매우 많아 농부들이 선호하는 품종이다. 키가 매우 커서 재배에 용이하진 않지만 성장 속도가 빠르고 생산량이 많다는 것이 장점이다. 현재 브라질의 대표 품종이며 페루 일부 농장에서도 문도노보를 재배하고 있다. 하지만 중미 국가들은 여러 이유로 이 품종을 장려하지 않아 중미에서는 거의 찾아볼 수 없고, 오히려 파푸아뉴기니, 말라위에서 문도노보가 재배되고 있다.

브라질에서 문도노보를 많이 재배하는 이유로는 높은 생산량이 꼽혀 품질이 낮을 것이라는 인식이 있지만, 떼루아에 따라 그 특성이 많이 달라진다. 특히 고지대에서 재배된 문도노보는 티피카나 버번에 비견할 만한 향미적 잠재력을 지니고 있으며, 일부 농부들 또한 문도노보를 고급품종으로 소개한다. 문도노보의 향미 특성 중 풍부한 질감을 형성하는 뉘앙스가 많은 이에게 주목받고 있으며, 이러한 특성 덕에 에스프레소용 커피에 적합하다.

카투아이 Catuai

카투라와 문도노보의 교배종으로 브라질에서 탄생했다. 새잎의 색상은 녹색으로, 버번류의 유전적 특성을 계승하고 있음을 알 수 있다. 카투아이는 버번의 향미적 특성과 문도노보의 생산량을 기대하며 개발된 품종으로, 비

교적 성공적인 결과물이다. 향미는 뛰어나지만 나무의 키가 크고 수확량이 적은 버번의 한계를 보완하고자 키가 작고 수확량이 많은 카투라를 접목한 것으로, 밀집재배를 통해 많은 양의 품질 좋은 체리를 수확할 수 있다.

카투아이는 모든 품종 중 유일하게 노란색 체리가 열리는 특징으로 WCR에 등록됐다. 파나마, 코스타리카, 온두라스 등의 중미 국가에서 주로 재배되며, 아주 뛰어난 품질은 아니지만 꽤나 우수한 향미의 체리를 얻을 수 있는 품종으로 여겨지고 있다.*

파카마라 Pacamara

버번 계통의 파카스와 티피카 계통의 마라고지페가 만나 탄생한 품종이다. 게이샤와 함께 현재 최고급 품종으로 여겨지고 있으나, WCR은 유전적 불안정성 때문에 이를 정규 품종으로 인정하기 어렵다고 판단했다. 파카마라의 새잎은 녹색과 청동색으로 각기 다르며, 마라고지페의 특징을 닮아 콩의 크기가 매우 크다. 하지만 마라고지페가 울퉁불퉁한 외관을 보인다면 파카마라는 다소 정제된 모양을 띤다. 이 품종은 엘살바도르에서 개발되어 현재에 이르고 있으며 과테말라, 니카라과, 코스타리카, 파나마 등의 국가에서 재배된다.

이국적인 과일의 뉘앙스가 특징이며 침엽수류의 향미를 갖고 있어 특유의 청량감을 지닌 것으로 알려져 있다.

---

* 온두라스의 일부 농장은 재배 중인 품종 두세 가지를 섞어서 판매하는데, 그중 카투아이를 섞는 이유를 '화려한 향미' 때문으로 꼽는다.

시드라 Sidra

시드라는 에콰도르에서 탄생한 티피카와 레드버번의 교배종으로 알려져 있다. 2019 월드바리스타챔피언십 챔피언인 전주연 바리스타가 사용해서 유명해진 품종으로, 폭발적인 향미를 지닌다고 한다. 그러나 그 기원과 특성에 대해서는 많은 설이 존재한다. 혹자는 티피카 메호라도와 유사하다며 개량된 티피카의 일종으로 언급했고, 한 연구에서는 이를 에콰도르 토착종으로 추측했다. 마지막으로 네슬레Nestle가 개발된 품종을 보급한 결과라는 이야기까지 있어 시드라의 존재에 대해서는 정확히 밝혀진 바가 없다.

> 많은 사람이 파카마라, 시드라의 사례를 들어 티피카와 버번을 결합하면 품질이 향상된다고 주장했지만, 문도노보나 카투아이를 보면 티피카와 버번의 교배가 무조건 폭발적인 향미를 만들어 낸다고 판단하는 건 잘못됐음을 알 수 있다.

© Compass coffee

3
로부스타 하이브리드

카티모르 Catimor

카티모르는 버번 계통의 카투라와 로부스타에 뿌리를 둔 HdT의 교배로 탄생했다. HdT는 1959년 티모르 섬에서 생산된 아라비카와 카네포라의 자연교배종으로, 1920년에 우연히 나타난 것으로 알려졌다.

카투라의 화려한 향미와 HdT의 질병저항성을 목적으로 만들어진 카티모르는 기후 변화와 병충해에 대응할 수 있는 중요한 품종으로 꼽히고 있다. 이는 개발된 이후 중남미 및 아프리카에 전해졌다. 국가별로 자국에 맞는 형태로 개량 및 변형해 재배하고 있으며 많은 농부에게 효자 품종 노릇을 하고 있다.

카티모르 T-8667 계통에 속하는 코스타리카의 '코스타리카 95Costa Rica 95', 엘살바도르의 '카티식Catisic', 멕시코의 '오로 아즈텍Oro Aztec' 그리고 카티모르 T-5175에 속하는 온두라스의 '렘피라Lempira'와 'IHCAFE90'이 있다. 콜롬비아의 카스티요Castillo와 케냐의 루이루Ruiru11도 카티모르와 한 계통이다.

기후 변화로 인해 커피의 재배 면적이 줄어들고, 기존에 없던 병충해가 나타나는 현재 이들 품종은 커피 생산량의 안정화를 가져올 것이란 기대를 안겼다. 많은 이가 로부스타의 색채를 지닌 HdT가 품종의 교배에 관여해 부정적인 맛과 향이 날 것으로 생각하지만, 세대를 거듭하고 해당 국가 떼루아에 정착한 카티모르 품종들은 타 품종에 버금가는 퀄리티를 보이기도 한다. 대표적으로 카스티요는 기존에 재배되어오던 카투라와의 블라인드 커핑에서 대등한 점수로 평가된 바 있으며, 코스타리카 품종은 페루 COE에서 챔피언에 오르는 잠재력을 보이기도 했다. 카티모르의 새잎은 대체적으로 청동색을 띠며 때에 따라 녹색으로 나는 경우도 존재한다.

사치모르 Sarchimor

버번 계통의 비야사치Villa Sarchi와 카티모르의 교배로 탄생한 품종이다. 이 역시 카티모르와 함께 많은 중남미 국가에서 장려되고 있는데, 카티모르보다 뛰어난 품질로 커피업계를 깜짝 놀래키기도 했다. 특히 IHCAFE에서 만든 파라이네마Parainema는 게이샤에 견줄 만한 향미를 지니고 있다고 평가받고, 해를 거듭할수록 그 향미가 안정적으로 발현되고 있다. 사치모르 또한 나라마다 다른 환경에 적응하기 위해 변형됐다. 앞서 언급한 온두라스의 파라이네마, 엘살바도르의 쿠스카틀레코Cuscatleco, 푸에르토리코의 리마니Limani, 니카라과의 마르세예사Marsellesa, 브라질의 오바타Obata, IAPAR59, 투피Tupi 등이 있다.

4
F1 하이브리드

F1은 서로 다른 유전자를 가진 품종을 교배해서 탄생한 1세대 자손을 지칭한다. 부모품종의 우성유전자가 자손에게 전해지는 것으로 알려졌으며, 뛰어난 품질과 높은 생산성 그리고 병충해 저항성을 보인다. 하지만 한계가 있다. 1세대에서는 특별한 품종으로서 성공적인 농사가 가능하지만 1세대에서 얻은 씨앗을 파종하여 탄생한 나무는 F1에 비해 다소 뒤떨어진다는 것. 즉, 클론으로서 번식만 가능할 뿐 정규 품종으로 자리 잡기는 어려워 보인다. 이러한 이유로 F1품종의 파종을 계획한다면 믿을 만한 협회 혹은 종묘상에게 씨앗을 구매해야만 한다고 알려져 있다.

F1 품종에는 루이루11, 센트로아메리카노 등이 있다.

루이루11 Ruiru11

루이루 연구소에서 개발된 11번째 품종인 루이루11은 케냐의 병충해 피해를 극복하기 위한 목적으로 개발됐다. 베리병에 저항성을 지닌 수단 루메, 티모르 교배종 등의 품종과 좋은 컵 퀄리티를 지닌 SL28, SL34, 버번 등의 교배로 탄생했다. 주로 케냐에서만 재배되며, 생산성이 높고 녹병과 베리병에 저항성을 지닌다.

센트로아메리카노 Centroamericano

녹병에 저항성을 지닌 T5296과 수단 루메 Sudan Rume를 교배한 품종이다.

현재 중미의 코스타리카, 엘살바도르, 과테말라, 온두라스에서 재배되며, 질병 저항성과 품질 두 마리 토끼를 모두 잡았다고 평가받고 있다.

3

품종의 개량

품종의 개량은 다양한 목적으로 시작된다. 기후 변화로 인해 아라비카 품종의 서식지가 줄어들면서 새로운 품종이 필요해졌다. 높아진 기온과 습도로 새로운 치명적 병충해가 창궐하는 일이 늘어나자 많은 연구기관에서는 이를 타파할 수 있는 새로운 품종을 개발하기 위해 노력하고 있다. 모두가 꿈꾸는 품종의 조건은 다음과 같다.

1. **병충해에 저항성이 있을 것**(CBB, CLR, 네마토드)
2. **생산량이 비약적으로 많을 것**(문도노보, 카티모르, 코닐론)
3. **향미적으로 뛰어날 것**(게이샤, 파카마라, 파라이네마)
4. **세대를 거듭해도 위의 조건이 유지될 것**

이상 네 가지 조건을 모두 충족하는 품종이 개발된다면 전 세계 커피 시장은 지금까지는 비교할 수 없는 패러다임의 전환을 겪게 될 것이라 확신한다. 하지만 새로운 품종의 개발과 재배법의 개량, 사람의 간섭 모두 자연과 환경을 100% 통제할 수는 없다. 각 환경에 맞는 품종과 가공 그리고 기타 조건을 완성해나가야 한다. 온두라스의 파라이네마가 주목받는 건 적어도 현재까지는 위의 네 가지 조건을 모두 충족하고, 이에 따라 변화하는 환경 조건에 적응하며 자라나고 있기 때문이 아닐까 생각된다.

④ 색깔에 따른 커피 품종

커피체리는 일반적으로 붉은색으로 익어간다. 붉은색 외 색상 중 유일하게 WCR의 인정을 받은 것은 브라질에서 발견된 '옐로우 카투아이'가 있다. 이 밖에도 버번, 게이샤, 파카마라, 마라고지페 등 다양한 품종에서 노란색 체리가 발견되는데, 이는 유전적인 변이에 의한 것이라 추정될 뿐이며 명백한 식물학적 근거는 확인된 바 없다. 다만 옐로우 카투아이가 정규 품종으로 인정된 선례를 따라 노란색 체리는 별도의 개성을 지닌 품종으로 인정할 수 있다. 최근 노란색 외에 다른 색상의 체리가 열린다는 커피들이 등장하기 시작했다. '핑크 버번', '퍼플 카투라' 등이 그 주인공이다. 그러나 사진을 보면 체리가 옅은 붉은색에 가까운 핑크 빛깔을 띠거나, 검붉은 색에 가까운 보라색을 띠는 정도라서 명백한 분홍색이나 보라색이라고 규정짓기는 모호하다. 앞서 언급한 노란색 체리의 유전학적 근거가 불분명한 것처럼 분홍색과 보라색 체리의 발생 근거도 불확실하다. 그저 붉은색 체리의 돌연변이가 아닐까 생각한다.

혹자는 분홍색 체리가 붉은색 체리와 노란색 체리의 교배과정에서 탄생한 것이라고 설명하지만 이 또한 과학적 신빙성이 낮다. 오히려 에티오피아에서 발견된 토착종 중에 하나라는 의견이 더욱 신빙성 있어 보인다. 품종 이름 또한 분홍색, 보라색이 가지는 이미지를 투영시키는 마케팅적 요소라고 여겨진다.

한편 실제로 체리의 색상과 관련된 흥미로운 사실이 몇 가지 있다.

첫 번째는 '노란색 체리가 붉은색 체리보다 당도가 높다'는 것이다. 필자가 2022년 시즌 생산된 페루 북부 및 남부 지역 체리를 대상으로 당도를 측정한 결과, 같은 지역의 같은 품종이라도 노란색 체리가 붉은색 체리에 비해 당도가 2brix 이상 더 높았다. 단순히 과육의 당도가 높다는 것을 넘어 발효와의 연관성이 있을 것으로 추정되므로 커피의 컵 퀄리티에도 영향을 끼칠 요소로 여겨진다. 이를 밝혀내기 위해서는 더욱 많은 사례와 실험을 거쳐야겠지만 말이다.

두 번째, 농장주는 '붉은색이나 노란색보다 오렌지 빛깔을 띤 체리의 향미적 우수성이 높고, 같은 노란색이어도 붉은색 줄무늬가 있는 체리의 향미가 더 뛰어나다'고 설명했다. 페루 남부 쿠스코 지역에 있는 치리로마 농장의 농장주 에드윈 퀘아Edwin Quea는 "2~3년간 살펴본 결과 오렌지색 체리의 게이

각기 다른 색을 지닌 체리의 당도 측정 결과

샤가 붉은색 혹은 노란색 체리의 게이샤에 비해 커핑 점수가 평균 2점 정도 늘 높았다"라고 말했다. 실제로 2022년 수확된 게이샤를 대상으로 한 커핑 실험에서 붉은색이나 노란색보다 오렌지색 체리의 커피가 1~2점가량 높은 점수를 보였다.

   세 번째, 게이샤와 마라고지페에는 브론즈 팁과 그린 팁이 모두 존재한다. 게이샤에는 브론즈 팁과 그린 팁이 모두 존재하며, 그린 팁 게이샤의 향미가 브론즈 팁보다 우수하다는 것은 이미 잘 알려진 사실이다. 하지만 브론즈 팁 나무의 체리와 그린 팁 나무의 체리 자체를 맛본 결과는 달랐다. 브론즈 팁 체리에서는 플로럴하고 프루티한 특성을 명징하게 느낄 수 있었지만, 그린 팁 체리는 다소 플랫하면서 프루티한 특성이 매우 약하게 느껴진 것(두 가지 체리 모두 당도 측정 결과가 20brix에 이르는 잘 익은 열매로 관능평가를 진행했다).

   티피카의 돌연변이종인 마라고지페에도 그린 팁과 브론즈 팁이 존재한다는 건 필자가 치리로마 농장에서 직접 확인했다. 농장주 에드윈은 "그린 팁 마라고지페의 향미가 훨씬 뛰어나며 특히 워시드 가공 시 잠재력이 폭발한다. 브론즈 팁 마라고지페는 향미의 완성도가 다소 떨어져 내추럴 가공법이 적합하다"라고 말했다. 실제로 관능평가 결과 그린 팁 마라고지페는 핵과류의 향미와 이국적 꽃향기, 스파클링함이 감지되었으나, 브론즈 팁 마라고지

레드 스트라이프 옐로우 게이샤

오렌지 게이샤

페의 경우 우디함과 스파이시함이 감도는 프루티의 특성을 가진 것으로 평가되었다.

커피는 재배 고도와 태양의 경로 그리고 떼루아에 따라 각기 다른 생장 환경을 지니기 때문에 모든 체리가 동일한 색상으로 익어가는 것은 아니다. 한 농장 안에서도 그런 차이가 관찰되는데 각기 다른 대륙에서 재배되는 커피나무가 동일한 품종과 색상을 띤다면 그게 오히려 어색한 것이지 않을까.

Chapter 3

커피의 가공

① 커피 가공법

커피를 가공하는 목적은 커피체리 안에 든 씨앗을 꺼내는 것이다. 가공법이 다양해진 요즘엔 그 목적이 다소 흐려지고 있지만, 결국 우리는 체리 속 씨앗을 얻기 위해 가공을 진행한다.

1
커피체리의 구조

일반적으로 커피체리는 두 개의 평평한 씨앗, 플랫빈Flat bean을 가지고 있는데 때에 따라 한 개 또는 세 개의 씨앗을 지니기도 한다. 전자는 피베리Pea

berry, 후자는 트라이앵귤러빈Triangular Bean이라 부른다. 이들은 비정상적인 발현으로 만들어진 것으로 알려져 있으나 결점두로 구분되지는 않는다. 특히 피베리의 경우 특별한 향미가 있다고 알려져 별도로 구분 지어 판매하기도 했으나, 현재는 향미 우월성을 지닌 것으로 여겨지지는 않는다. 트라이앵귤러빈 또한 특별한 결함이나 결핍으로 탄생했을 뿐 향미적 결함을 지닌 것은 아니다. 다만 플랫빈에 비해 콩의 크기가 작고 밀도가 낮아 작아 로스팅 시 약간의 어려움을 유발할 수 있다.

체리는 기본적으로 겉껍질, 과육, 점액질, 파치먼트, 실버스킨, 생두 순으로 구성되어 있다.

트라이앵귤러빈

겉껍질 Outer Skin

커피체리의 겉껍질은 수분과 섬유질로 구성되어 있으며 빨간색, 노란색 등의 색상을 띤다. 체리의 색상과 관련된 논쟁은 대부분 겉껍질의 색상에서 비롯되는데, WCR은 빨간색과 노란색 이외의 것은 확인되지 않은 품종으로 간주한다.*

과육 Pulp

과육은 수분과 당분 그리고 섬유질로 이뤄져 있다. 정상적으로 발육된 체리는 약 18~20brix의 당도를 지닐 정도로 달다. 과육의 양이 생두의 품질과 직결되지는 않으며, 생두의 크기가 큰 품종이라고 해서 과육의 양이 많은 것도 아니다. 과육은 체리가 나무에서 분리됨과 동시에 변질되기 시작할 정도로 많은 양의 당을 함유하고 있으며, 이 당분을 활용한 가공법이 다양하게 개발되고 있다.

점액질 Mucilage

점액질(粘液質)은 말 그대로 점성을 가진 성분을 지칭한다. 이는 당분을 지닌 과육의 일부로 핵과류 과실에서 흔히 관찰된다. 점액질은 씨앗에 밀착되어 있어 커피를 가공할 땐 물리적인 방법보다 화학적인 방법으로 점액질을 제거한다. 파치먼트를 감싸고 있는 점액질은 생두에 매우 밀접한 영향을 미치기 때문에 가공 과정에서 점액질을 처리하는 방식은 생두의 품질을 결정 짓는 매우 중요한 요건이다.

파치먼트 Parchment

커피나무의 종자인 파치먼트는 생명력을 지니고 있어, 이를 심으면 다음

---

* WCR 연구원 한나Hanna와의 인터뷰를 통해 확인한 내용으로, 노란색을 띤 품종 중에도 브라질에서 발견된 옐로우 카투아이만이 WCR에 정식 품종으로 등록되어 있다.

나무가 자란다. 얇지만 다소 단단한 껍질이 생두를 감싸고 있는 형태인데 이 껍질이 생두의 수분 증발을 늦춰 배아의 생장에 필요한 에너지를 보전함으로써 생명력을 유지한다. 따라서 생산국에서는 수확 및 가공을 마친 생두를 파치먼트 상태로 보관하며, 소비자와의 계약 및 수출이 확정되면 이를 벗겨내는 탈곡Hulling 과정을 진행한다.

실버스킨 Silver Skin

실버스킨는 생두를 감싸고 있는 마지막 껍질이다. 대부분 섬유질로 구성되어 있으며 가공법에 따라 생두에 밀착되거나 떨어져 나간다. 이는 가장 마지막까지 생두를 보전하는 역할을 하는데, 오래전에는 실버스킨이 생두에 붙어있으면 청결하지 못하다고 여겨 폴리싱Polishing이란 과정으로 이를 100% 제거하기도 했다. 하지만 현재는 가공법에 따라 실버스킨의 양과 상태가 다소 차이를 보인다.

생두 Green Bean

생두는 배아와 배젖으로 구성된 생명력을 가진 커피나무 씨앗의 핵심이다. ISO 표준으로 정해진 생두의 적정 수분율은 약 10~12%로, 이에 맞춰 건조한다. 만약 수분율이 10%를 밑돌 경우 노화가 진행되어 향미에 부정적 영향(우디, 스파이시)을 끼친다. 반대로 12%가 넘는 수분을 함유하고 있을 경우 생두가 썩을 수도 있다. 하지만 최근 수입되는 생두의 수분율은 9% 수준인 사례가 빈번해 적정 수분율을 9~12%로 인정하는 추세다.

커피체리를 생화학적으로 분석하면 위의 표와 같은 결괏값이 도출된다.

구분	건물	Protech	조섬유	회	질소	탄닌	펩신총량	환원당	비환원당	카페인	클로로겐산	셀룰로오스
과육	29.0	10.0	21.0	8.0	44.0	1.8~8.6	6.5	12.4	2.0	1.3	2.6	27.7
점액질	5.0	8.9	18.0	0.7	35.8	0	35.8	30.0	20.0	0	-	17.0
생두	81.0	7.5	19.0	5~6.0	1.2~.80	7.7	0.88	0.05~020	8.0	0.73	6~7.0	19.4

성분 (%, 건조 무게)

이 표에 기재된 체리 부분별 성분 분포를 확인하면 각 부분의 특성을 파악할 수 있다. 특히 과육과 점액질의 특성을 정확히 인지하면 더욱 효과적인 가공법을 설계할 수 있다.*

* 이 도표에 등장하는 값은 품종의 종류 그리고 체리의 숙성 정도에 따라 조금은 다른 결론에 도달할 수 있다.

2
커피 가공의 시작

커피의 가공은 체리가 나무에서 분리된 직후부터 시작된다. 앞서 언급했듯 다량의 당분을 함유한 체리는 생산지역의 수분율 및 기온에 따라 속도가 다를 뿐 수확 직후부터 발효가 진행된다. 그렇기 때문에 생산국에서는 일반적으로 오전 중에 수확을 마치고 정오를 기점으로 과육 제거 작업을 완료한다. 최근 중남미의 많은 농장은 수확 일자를 '음력 보름Full moon'에 맞춰 진행하기도 한다. 보름달이 뜨는 시기에는 해 - 지구 - 달 순으로 천체가 배치되는데, 해와 달이 지구를 잡아당기는 힘이 이때가 가장 강해서 체리를 수확할 시 나무와 체리 모두 가장 적은 대미지를 받기 때문으로 알려져 있다. 실제로 보름 전후로 가장 많은 체리가 수확되고 이때 수확된 체리를 '메인 크롭Main crop'이라고 부른다.

3
모든 가공에서 가장 중요한 점

맛있는 커피를 생산하기 위한 가공법의 가장 중요한 사항은 '잘 익은 체리를 수확하는 것'이다. 잘 익은 체리는 보통 검붉은 색까지 익은 것을 지칭하는데, 이때 당도가 21brix에 이를 만큼 많은 당분을 지닌다. 커피를 수확하는 사람은 검붉은 색까지 익은 체리를 선별적으로 골라내야 하는데, 이는 현실적으로 매우 어렵다.

체리는 초록색에서 붉은색으로, 다시 검붉은 색으로 익어가는데 붉은색을 띨 때 무게가 가장 무겁다. 맹점은 피커들의 임금이 수확량을 기준으로 책정된다는 사실이다. 즉, 체리의 무게가 가장 무거울 때 수확해야 최대한 높은

익은 정도에 따라 다른 색을 띠는 체리들

열매의 성숙도에 따른 당분의 농도 변화

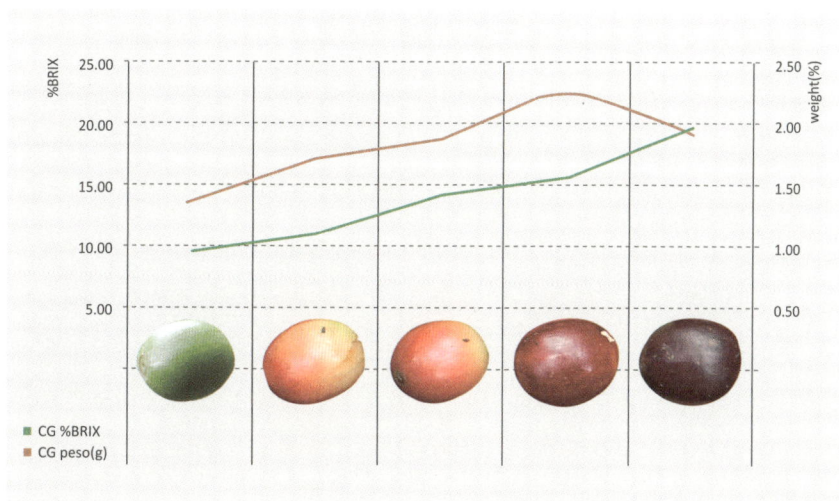

수익을 올릴 수 있기 때문에 별도의 지시가 없다면 피커들은 붉은 빛을 띠는 모든 체리를 딴다. 하지만 체리의 당도는 검붉은 색에 도달할 때까지 점진적으로 증가하기 때문에 최고 품질을 원한다면 체리의 무게나 양에 상관없이 검붉은 색 체리를 수확할 수 있는 피커를 고용해야 하며, 작업량이 아닌 작업의 질에 비례해 임금을 지불해야 한다.

한때 유행했던 수확 방식 중에는 체리가 나무에 매달려 있는 꼭지까지 한 번에 따는 방식이 있었다. 가지와 체리를 연결하는 초록색의 꼭지까지 함께 수확하면 과발효를 막을 수 있다는 것이 그 이유였는데, 이로 인해 나무가 손상돼 지속적인 재배에 부정적인 영향을 미칠 수 있어서 현재는 일반적으로 사용되지 않는다.

2
전통적 가공법과 최신 가공법

가공법은 생산국의 환경과 기후 그리고 다양한 변수를 반영해 만들어졌다. 커피가 처음 발견된 에티오피아나 예멘은 건조한 기후를 지녀 수확한 체리가 변질될 우려가 적었고, 그대로 널어 건조해도 과발효의 뉘앙스가 발현되는 빈도가 낮았다. 그래서 생산자들은 체리를 수확한 뒤 땅이나 별도의 시설에 널어서 말리기 시작했는데, 이것이 커피 가공의 시작이다. 그 후 전 세계로 전파된 커피는 본래 자라던 것과 전혀 다른 환경에서 재배되게 된다. 예를 들어 인도네시아의 경우 3,000여 개의 섬으로 이뤄진 국가이고 적도에 위치해 기온이 매우 높고 습하다. 이러한 환경에서 체리를 있는 그대로 건조하면 쉽게 변질되기 때문에 당분을 빠르게 제거해 변질 가능성을 최소화해야만 했다. 이것이 바로 워시드 가공의 시작이다.

결국 가공법은 커피의 전파와 맞닿아 있으며 재배 환경에 따라 적합한 방식으로 달라져 왔다. 현재 커피의 가공은 또 다른 국면을 맞이했다. 인간이 가공에 적극적으로 개입하면서 환경적인 한계를 극복하고 새로운 향미를 만들어내고 있기 때문이다.

1
전통적 가공법

전통적 가공법은 생산국의 기후에 따라 방식을 달리해왔다. 건조한 생산국에서는 별도의 시설이나 장치 그리고 통제 없이 체리를 그대로 건조시켰고, 습한 국가에서는 체리의 과육을 제거한 뒤 물로 씻어냈다. 이 과정에서 더욱 진보된 가공법이 요구되면서 조금씩 변화를 겪었다.

내추럴 Natural

체리를 있는 그대로 건조하는 방식이다. 가장 역사가 오래된 가공법으로 에티오피아, 예멘에서 시작됐으며 현재는 브라질에서 가장 많이 사용되고 있다.

초창기의 내추럴은 체리를 있는 그대로 말리는 것이었으나, 현재는 한층 진보된 방식이 개발되어 시행되고 있다. 나무에서 그대로 건조하는 '드라이 온 더 트리Dry on the tree'와 일반적인 건조방식인 '선 드라이Sun Dry'가 있는데, 가공하는 장소가 파티오Patio*인지 아프리칸 베드African Bed**인지에 따라 커

---

* 건조장 바닥의 재질은 시멘트, 콘크리트가 일반적이다. 여기에 비닐이나 천을 깔아놓고 체리를 건조하는 방식이 '파티오 건조법'이다.

에티오피아 내추럴

잘 익은 체리를 한 겹으로 펴서 말리는 마이크로랏 내추럴

피의 품질이 결정되기도 한다.

내추럴 가공법은 비교적 간단한 공정이지만 체리가 지닌 당분 때문에 과발효의 위험성이 매우 크며, 발효취에 의한 향미적 변질이 나타나지 않도록 유의해야 한다. 이를 방지하려면 수분의 간섭을 최소화하고 온도가 지나치게 높아지는 것을 막아야 한다. 보통 체리를 위한 그늘을 만들어 건조하거나 베드의 바닥에 바람이 통하는 위치에서 작업을 진행하기도 한다. 실내의 별도 시설에서 체리를 건조시키기도 하는데, 이때도 대형 환풍기를 지속적으로 가동해서 온도 상승과 수분의 간섭을 제어해야 한다.

한편 내추럴 가공법의 향미를 '프루티Fruity'와 연결 짓는 이들이 많으나 이보다는 '복합적인Complexity'이라고 설명하는 것이 좋다. 복합적인 향미가 발현되는 이유는 커피체리를 건조하는 과정에 간섭하는 미생물의 종류가 많기 때문이다. 이들의 활동을 정밀하게 제어하여 긍정적인 향미를 완성하도록 한다면 매우 복합적인 결과물을 기대할 수 있다.

** 주로 에티오피아에서 사용되는 방식으로 땅에서 올라오는 습도와 잡냄새를 막기 위해 지면으로부터 1m가량 간격을 두고 제작된 침대와 유사한 구조물 위에서 커피를 건조하는 방식이다. 이때 구조물의 바닥 재질도 황마, 쇠, 스테인리스, 플라스틱 등 다양한데, 통풍이 잘되고 잡냄새가 나지 않는 것이 아프리칸베드의 핵심이다.

[내추럴 가공법 단계]

1차 선별은 덜 익은 체리나 혼입된 이물질을 제거하는 과정이며,
건조과정에서는 발효가 함께 진행되는 것을 꼭 기억해야 한다.

워시드 Washed

워시드는 물을 활용하는 가공법이다. 그 시작에 대해서는 많은 의견이 존재하지만, 인도네시아에서 처음 시작된 것으로 보는 것이 옳다. 습한 기후조건에 놓인 커피체리의 변질을 방지하기 위해 다량의 당분을 지닌 과육과 점액질을 제거한 뒤 체리를 건조한 것이 워시드 가공의 탄생 배경이다. 수확된 체리가 높은 온도에 방치되기 전 펄핑Pulping으로 체리껍질과 과육을 제거해 변질의 우려를 낮춘 다음, 발효를 통해 점액질까지 완벽하게 제거한다. 그 후 물을 사용해서 잔여 과육과 점액질 그리고 점액질에 관여한 미생물을 깨끗하게 씻어내 생두가 지닌 온전히 향미를 자아낼 수 있도록 고안된 가공법이다.

워시드 가공은 내추럴에 비해 다소 복잡한 과정을 거치는데, 그 순서는 아래와 같다.

[워시드 가공 단계]

수확 ▶ 1차 선별 ▶ 펄핑 ▶ 발효 ▶ 세척

▶ 2차 선별 ▶ 건조 ▶ 계약 ▶ 보관

워시드의 1차 선별 단계에는 수확된 체리를 물에 띄우는 방식과 물 없이 하는 두 가지 방식이 모두 사용된다. 커피체리 외의 물질을 제거하고 혼입된 덜 익은 체리와 변질된 체리를 골라낸다. 체리의 껍질을 벗겨내는 펄핑 단계에는 별도의 기계를 사용한다. 펄핑 머신은 크게 드럼형 펄퍼와 디스크형 펄퍼 두 가지가 있는데, 일반적으로는 드럼식 펄퍼가 더 많이 사용된다. 회전하는 드럼과 기계의 고정축으로 커피체리에 물리적인 압력을 가해 내부의 생두를 분리해내는 방식이다. 이때 열 발생을 낮추고 조금 더 수활한 작업을 위해 기계 안에 물을 투입하기도 한다. 펄핑 과정에서는 체리의 껍질과 과육이

잘 익은 체리를 선별해야 고품질 커피를 기대할 수 있다.

열 발생을 줄이기 위해 차가운 물을 부으며 펄핑하는 모습

부산물로 발생되는데, 생산국에서는 대체로 이를 흙과 혼합해 거름으로 재활용한다. 또는 이를 선별적으로 건조한 '카스카라Cascara'로 차를 만들어 판매하기도 한다.

펄핑을 마친 파치먼트는 점액질에 둘러싸여 있다. 여기서 점액질 또한 다량의 당분을 함유하고 있기에 빠르게 제거해야 변질을 막을 수 있다. 펄핑과 달리 점액질 제거에는 물리적인 방식을 적용하기가 어렵기 때문에 화학적인 작용을 이용한다. 이 과정이 '발효Fermentation'다. 발효란 미생물이 당분을 섭취해 부산물을 발생시키는 현상인데, 커피의 점액질 제거도 다른 발효와 유사하다. 커피에 작용하는 효모, 박테리아, 곰팡이 등의 미생물들은 점액질에 함유된 당분을 섭취하여 이산화탄소와 아로마 전구체를 형성한다. 이때 형성된 아로마 전구체에 의해 커피 향미가 큰 변화를 겪기 때문에 발효는 커피의 가공 과정 중 가장 중요한 단계로 여겨진다.*

웻 퍼먼테이션　　　　　　　　　　　드라이 퍼먼테이션

    워시드 가공의 발효에는 두 가지가 있다. 첫 번째로 전통적으로 사용되어 온 방식인 '웻 퍼먼테이션Wet Fermentation'이 있다. 이는 점액질이 붙어있는 파치먼트를 물에 담가둔 상태로 발효하는 방법인데, 물속 환경이라는 제한사항 때문에 온도 상승률이 낮고 수소이온의 생성이 적어 발효가 천천히 진행된다. 또, 제한된 미생물의 작용으로 보다 선명한 향미를 기대할 수 있다는 장점이 존재한다. 반면 발효과정에서 발생되는 오염물질이 물에 녹아들어 물이 오염된다.**

* 과거에는 워시드 가공에 '발효'라는 단계를 명기한 반면 내추럴에는 그러지 않았기 때문에 발효는 워시드에만 존재하는 과정으로 여겨졌다. 하지만 내추럴 가공 시 체리가 건조되는 과정에서 당의 분해가 일어나며, 이 분해를 주도하는 것이 미생물이기 때문에 오히려 더 많은 발효가 일어난다는 사실이 확인되었다.

산에서 흘러 내려온 차가운 물을 사용해 잔여 점액질과 미생물을 세척한다.

　두 번째로 물을 사용하지 않고 발효시키는 '드라이 퍼먼테이션Dry Fermentation' 이 있다. 이는 펄핑을 마친 파치먼트를 발효조 혹은 별도의 포대에 보관하여 발효시키는 방법이다. 공기 중의 미생물에 의해 발효가 진행되는 방식으로, 웻 방식보다 다채로운 미생물이 작용해 더욱 다양한 아로마 전구체가 형성되는 것이 큰 장점이다. 물을 사용하지 않아 물의 오염이 없다는 점 때문에 많이 권장되는 방법이다. 다만 미생물과 발효시간을 적절히 통제하지 않으면 과발효될 수 있어 주의를 기울여야 한다.

＊＊ 최근 물 부족을 호소하는 중남미 국가가 늘어나면서 물의 오염을 줄이기 위해 웻 퍼먼테이션의 사용빈도가 크게 줄어들고 있다.

이 두 가지 발효는 향미의 발현 경향이 각기 다르다. 웻 방식은 깨끗하고 뚜렷한 향미가 발현되는 것이 특징이고, 드라이 방식은 커피가 허니 혹은 내추럴과 유사한 발효과정을 겪으면서 보다 다채로운 향미를 발현시킨다. 발효 방식에 따라 생두의 색상도 달라진다. 웻 퍼먼테이션을 거친 생두는 일반적인 색상을 띠는 반면 드라이 방식의 발효를 거친 생두는 과육이 배어있는 듯한 노란 빛을 지닌다. 그래서 드라이 퍼먼테이션과 허니 가공법은 경계가 다소 모호하다고 여겨진다.

발효의 종료 시점은 점액질이 완전히 분해되는 때로 본다. 이를 계측하는 가장 합리적인 방법은 pH미터를 사용하는 것이다. 펄핑을 마친 점액질을 함유한 파치먼트의 pH값은 6~7 정도의 알칼리성을 보이지만, 발효를 끝내는 시점은 pH 3~3.5 정도로 본다. pH값의 변화를 통해 발효 작업이 커피의 산화를 뜻한다고 생각할 수 있으며, 산화는 산패 및 변질과 결을 같이 하므로

햇볕의 간섭을 차단하는 지붕이 있는 가공시설에서 건조 중인 파치먼트

햇볕에 건조 중인 파치먼트(날씨의 뒷받침이 중요하다)

적절한 발효를 위해서는 세심한 관리가 필요함을 알 수 있다. 농부들은 대체로 경험에 기반해 발효를 진행하는데, 기후와 환경 변화에 대처하기 위해서는 객관적인 수치를 바탕으로 작업을 진행하는 것이 좋다.

발효에 필요한 시간은 농장의 환경과 기후마다 차이를 보이는데 24~48시간이 일반적이다. 하지만 고지대 혹은 서늘한 환경의 가공시설에서 발효하는 경우에는 72시간 이상이 소요되기도 한다.

발효가 종료된 후에는 바로 세척을 시작한다. 세척 시에는 향과 맛이 없는 깨끗한 물을 사용해 파치먼트에 남아있는 점액질과 미생물을 말끔히 씻어낸다. 이때 수로를 이용해 물과 파치먼트를 함께 흘려보내는 방식으로 세척하기 때문에 밀도를 활용한 선별이 동시에 이뤄진다. 세척을 마친 파치먼트는 건조장으로 옮겨져 건조된다.

펄프드 내추럴 Pulped Natural

펄프드 내추럴은 브라질스페셜티커피협회Brazil Specialty Coffee Association(이하 BSCA)와 이태리 일리Illy 사에 의해 개발된 가공법으로, 브라질 커피의 위상을 제고하기 위해 개발됐다. 세계에서 가장 많은 양의 커피가 생산되는 브라질은 엄청난 양의 체리를 그대로 건조할 수 있는 기후적인 요건을 갖추고 있었기에 내추럴 가공의 진행에 어려움이 없었다. 하지만 브라질 커피의 품질에는 늘 의문이 뒤따랐다. 비교적 낮은 고도에서 재배된 커피가 견과류와 초콜릿으로 편향된 향미 구성을 지니고, 지나치게 많은 과육의 변질로 인한 리오Rio 플레이버가 발목을 잡은 것이다.

이에 따라 펄프드 내추럴 가공법이 개발됐다. 내추럴 가공의 큰 흐름은 유지하되, 펄핑으로 과육의 일부를 제거해 부정적 향미의 발현을 조정하는 것이다. 가공의 진행 과정은 다음과 같다.

[펄프드 내추럴 가공 단계]

과정을 살펴보면 내추럴 가공법에 펄핑이 추가된 정도로 내추럴 가공의 특징을 그대로 가지고 있다. 다만 과육을 조금 걷어내 과발효에 따른 부정적 향미 발현을 방지한 것이다. 새로운 향미 혹은 특별한 특성의 발현이 아니라 부정적인 향미의 감소에 목적을 둔 펄프드 내추럴의 개발은 매우 효과적이었다. 부정적 향미가 눈에 띄게 줄어든 덕에 브라질 커피의 가능성이 인정받았고 현재 브라질에서 생산되는 커피 중 절반 이상이 펄프드 내추럴로 가공되고 있다.

세미 워시드 Semi Washed

펄프드 내추럴이 내추럴에 가까운 중간적 가공법이라면, 세미 워시드는 워시드에 가까운 중간적 가공법이다. 워시드와 가장 다른 점이라면 발효가 생략된다는 것으로, 전체적인 가공 과정은 아래와 같다.

[세미 워시드 가공 단계]

전체적인 가공의 순서는 워시드와 같으나 워시드의 발효 단계 대신 기계식 점액질 제거 De-mucilaging를 진행한다. 솔처럼 생긴 장치가 점액질을 문질러내는 방식인데, 빠른 가공이 가능하고 물을 사용하지 않아 물의 오염을 막을 수 있다는 것이 장점이다.* 하지만 미생물의 발효에 의한 아로마 전구체 형성 단계를 거치지 않아 향미가 단조롭다는 단점이 있다. 또한 점액질 제거기를 통과하는 과정에서 생두의 배아가 손상을 입으면 우디하고 스파이시한 향미로 연결될 수 있다는 것도 문제다.

중남미의 물 부족 현상이 날로 심각해지면서 이 가공법을 채택하는 농장이 늘어나고 있다. 가장 유명한 농장으로는 파나마 에스메랄다가 있다. 이곳의 농장주 레이첼 피터슨Rachel Peterson은 "우리 게이샤는 과육의 영향 없이 선명한 생두 자체의 향미가 발현되었을 때 가장 매력적이기 때문에 발효를 거치지 않고 에코프로세싱으로 커피를 가공한다"라고 말했다.

* 그래서 이 가공법을 에코프로세싱Eco processing이라 부른다.

세미 워시드는 본래 인도네시아에서 사용되어 온 가공법으로 알려져 왔다. 인도네시아어로는 '길링바사Giling basah'라 불리는 이 가공법은 수확과 동시에 펄핑을 진행하는데, 이때 과육과 점액질을 한 번에 벗겨낸다. 그다음 생두와 파치먼트가 젖은 상태로 탈곡해 생두를 완성한다. 이는 습한 기후를 극복하기 위한 것인 동시에 가공 속도를 높여 빠르게 수익을 얻고자 했던 농부들에 의해 탄생한 독특한 가공법이다. 파치먼트가 젖어있는 상태로 탈곡을 진행하다 보니 콩이 눌리거나 찢어지는 물리적 손상이 발생하고, 배아의 손상에 의해 우디, 스파이시, 얼시Earthy한 부정적 뉘앙스가 발현되는 경향을 보인다.**

** 인도네시아에서도 길링바사 외에 다양한 가공법이 시도되고 있으며, 본문에 언급된 내용은 전통적인 인도네시아 커피 가공법을 지칭한다.

2
최신 가공법

전통적 가공법을 기반으로 다양한 최신 가공법이 탄생했다. 기존 가공법이 자연 발생적이며 환경적 요인에 간섭을 많이 받아왔다면, 새롭게 개발된 가공법은 특별한 목적성을 띤다. 향미의 증진이나 조향 등을 위해 특정한 조건을 조성하거나 첨가물을 넣는 식이다. 혹자는 이를 커피의 순수성을 망치는 행위라 규정짓고 부정적 시선으로 바라보기도 하지만, 새롭게 등장한 가공법을 바로 알고 이를 또 하나의 장르로 규정짓는다면 더욱 다양성이 넘치는 시장이 될 것이다.

허니 Honey

코스타리카에서 탄생한 허니는 펄프드 내추럴과 매우 유사한데, 펄핑하는 과정에서 잔여 과육의 양을 조정하는 방식이다. 남은 과육 양에 따라 결

옐로우 허니　　　　　　　레드 허니　　　　　　　블랙 허니

과육이 띠는 색상이 달라 이를 기준으로 이름을 붙인다. 잔여 과육 양이 약 10% 정도로 얇게 남은 것을 '화이트 허니White honey', 약 50% 정도 남은 것을 '옐로우 허니Yellow honey', 90% 이상 남긴 상태로 펄핑한 것을 '레드 허니Red honey'라고 부른다. '블랙 허니Black honey'는 레드 허니와 잔여 과육 양이 크게 다르지 않으나, 건조시간을 늘려 발효도를 높인 결과 검은색을 띠기 때문에 붙인 이름이다.

허니 프로세싱은 펄프드 내추럴과 같이 내추럴의 복합성에 워시드의 깔끔함을 더한 가공법으로, 각 가공법의 장점이 되는 향미를 기대하며 개발됐다. 끈적이는 과육과 점액질이 꿀 같은 성상을 지닌다고 해서 허니라는 이름이 붙기도 했는데, 그 이름에서 풍기는 향미에 대한 긍정적인 이미지도 크게 작용한다.

허니의 향미에 있어서 관건은 잔존 과육에 의한 단맛 그리고 과일의 뉘앙스에 깨끗함을 덧입히는 것이다. 그래서 잔여 과육의 발효 속도를 가능한 늦춰서 다채로운 캐릭터를 끌어내는 것을 목적으로 한다. 이와 관련하여 코스타리카 라스 라하스Las lajas 농장은 블랙 허니를 더 천천히 건조한 업그레이드 버전 '블랙 다이아몬드Black diamond'를 소개한 바 있으며, 내추럴 가공 시 커피를 더욱 느리게 건조한 '펠라 네그라Perla Negra', 더욱 느리게 1차 발효를 진행한 '알마 네그라Alma Negra'를 공개하기도 했다.

결국 허니도 내추럴과 마찬가지로 과육의 발효과정을 어떻게 통제할 것인가가 품질의 관건이다. 대체로 발효를 빠르게 진행하는 것보다 느리게 진행할 때 긍정적인 향미가 더욱 잘 발현되는 것으로 여겨진다.

무산소발효 Anaerobic

무산소발효는 산소를 차단한 상태로 발효하는 가공법을 의미하며 내추럴,

워시드에 모두 적용이 가능하다. 내추럴 무산소발효의 경우 커피를 체리 상태로 산소가 차단된 통에 담아 발효시키고, 워시드 무산소발효는 체리 상태에서 펄핑을 한 번 마친 상태에서 무산소발효를 두 번 진행하는 것이 일반적이다. 후자를 '더블 아나로빅 퍼먼테이션Double Anaerobic Fermentation'이라 부른다.

○ **무산소발효를 하는 이유**

통제된 환경에서 발효를 진행함으로써 과발효를 막는 것이 무산소발효의 목적이다. 모든 식품의 발효는 산소와 맞닿아 있는 상태로 진행되는 것이 일반적인데, 이는 산패와도 연관이 깊다. 그래서 발효의 성공 여부는 늘 산소의 유무 그리고 접촉 시간과 온도 등에 따라 결정된다.

인간이 발효를 제어하는 방법 중 가장 손쉬운 것이 바로 산소 차단이다. 다른 식품의 예를 들어 설명하자면 맥주가 가장 적합하다. 완성도 높은 맥주 발효에는 산소 차단이 필수요건인데, 이는 제작자가 원하는 미생물의 효과를 보다 높일 수 있기 때문이다. 물론 혐기성 미생물의 활동에 대한 우려가 있기 때문에 발효조를 먼저 소독한 다음 발효를 진행한다. 이런 과정에서 만약 산소가 혼입되면 이취가 발생해 맥주의 품질이 현격히 떨어질 수 있으므로 산소 차단은 맥주 발효에 필수적이다.

커피 발효 시 무산소 환경을 조성하는 이유 역시 작업자가 원하는 방향의 결과물을 완성하기 위함이다. 즉, 인간이 커피의 발효에 적극적으로 개입해 원하는 향과 맛을 만들어내고, 원치 않는 맛과 향을 억제하는 기본 환경을 조성하는 것이다.

산소를 차단한 상태로 커피를 발효하는 것은 생산국의 기후 및 환경의 변화로 인한 불가피한 선택일 수도 있겠지만, 그보다는 인간의 개입을 통해 더 자극적이고 특별한 향미를 만들어내기 위한 것으로 보는 것이 옳다. 한편 무산소발효와 관련해 주의해야 하는 점도 있다. 산소를 차단한 상태에서 원하는 미생물만을 활용해 발효를 진행하면 커피 자체가 지닌 향미가 더욱 투명하게 발현되어야 하는데, 무언가를 첨가한 사실을 감추거나 과도한 발효로 인한 부정적인 향미를 무산소발효의 특성으로 과대포장하는 경우가 있기 때문이다.

이러한 산소 차단 발효의 예는 맥주, 와인 등의 발효음료에서 흔히 찾아볼 수 있다. 발효의 완성도를 높이는 방법을 제시하는 선행연구도 여럿 공개된 상황이다. 그러나 커피의 발효와 관련된 연구는 아직 미미하다. 다시 한번 강조하자면 산소가 차단된 환경을 조성하는 건 완전한 통제를 통해 원하는 바를 효과적으로 이루기 위한 것일 뿐, 이로 인해 드라마틱한 향미가 형성되는 것은 아니다.

○ **무산소발효 방법론**

무산소발효는 사실 진공상태를 지칭하는 것은 아니다. 공기가 통하지 않는 용기 혹은 비닐에 커피를 담은 뒤 모든 공기를 인위적으로 제거하는 진공 방식으로 발효를 진행하지는 않는다. 생산국에 따라 내압 스테인리스 용기, 플라스틱 용기, 비닐 등의 재질에 점액질이 붙어있는 파치먼트를 넣은 상태에서 무산소발효를 시행한다고 보아야 한다.

이 과정에서 제한된 미생물은 점액질을 먹어치우면서 이산화탄소를 배출하는데, 밀폐된 용기 안에서 발효가 진행되다 보면 커피가 이산화탄소에 둘러싸인 상태가 된다. 이 상태에서는 미생물의 활동이 느려지고 새로운 발효 활동에 지장을 받아 발효 속도가 자연스레 느려진다. 카보닉 메서레이션 Cabonic maceration (이하 CM)이라는 가공법과 구분 짓기 위해 굳이 설명하자면, 커피의 표면에서 미생물의 발효를 통해 발생된 가스가 바깥쪽을 향하는 화살표를 그리게 된다. CM은 와인의 발효에서 차용된 발효 방법으로, 점액질에 둘러싸인 파치먼트를 담은 용기에 이산화탄소를 주입하고 발효를 시작한다. 이 경우 발효가 초반부터 제어되기 때문에 무산소발효보다 느리게 발효가 이루어진다. 또, 이산화탄소가 파치먼트를 눌러주는 방향으로 힘이 가해진다. 무산소발효와는 반대 방향으로 힘이 가해지는 것이다. 그래서 생두에 가해지는 데미지는 CM이 무산소발효보다 큰 편이며, 실제로 CM을 거친 생두는 로스팅 시 다소 물러지는 경향을 보인다.

앞서 설명한 바와 같이 무산소발효는 자연스레 발생한 미생물의 활동 결과물인 이산화탄소가 파치먼트가 담긴 공간을 점진적으로 채워가는 과정으로 이해하면 된다. 이때 온도나 수분을 제어해 발효를 더 길게 가져갈 수 있으며, 이를 통해 향미의 조향이 가능해진다. 온도가 높거나 수분이 많은 상태에서는 발효 온도가 높고 속도가 빠르기 때문에 과도한 발효에 의한 발효취가 만들어질 수 있지만, 낮은 온도에서 천천히 발효하면 불쾌한 발효취를 줄이고 도중에 무언가를 첨가하는 것도 가능해진다. 예를 들어 당분을 더 첨가하면 발효에 필요한 연료가 늘어나 더욱 다채로운 향미를 기대할 수 있으며, 이 과정에서 투여되는 특정 미생물로 원하는 향미를 발현시킬 수 있다. 즉, 무산소발효 자체가 특정한 향미를 만든다기보다는 무산소 환경을 조성한 뒤 원하는 첨가물이나 미생물을 투입하면 발효를 원하는 방향으로 가져갈 수 있다.

한편 무산소발효 커피와 관련해 '시나몬 게이트'라는 이름의 이슈가 있었다. 많은 무산소발효 커피가 공통적으로 또렷한 시나몬 향미를 지니는 것에 관한 논쟁이었다. 결국 한 생두회사가 시나몬을 첨가한 가공법을 공개하며 논란은 일단락됐다.

산지 환경의 변화와 더불어 더욱 특별한 커피를 찾는 소비자가 늘어나면서 무산소발효는 더욱 주목받고 있다. 그러나 모든 농부가 이에 필요한 환경을 갖추긴 어렵다. 플라스틱 통은 값은 저렴하나 산소를 완벽하게 차단하기 어렵다는 지적이 나오고, 스테인리스 재질의 발효조는 산소 차단에는 용이하지만 가격이 비싸기 때문. 결국 자본과 환경을 고려해 발효조를 선택할 수밖에 없는 셈이다. 오크통에서 무산소발효나 CM을 진행하는 경우도 있는데 이 역시 완벽한 산소 차단은 어렵다고 알려진다. 오크통을 활용하는 목적은 오크통 자체의 플레이버 혹은 오크통에서 숙성시킨 위스키나 럼 등의 플레이버를 커피에 첨가하는 것이라고 보는 게 옳다.

카보닉 메서레이션 Carbonic Maceration

무산소발효가 맥주의 발효에서 기인한 방식이라면 카보닉 메서레이션은 와인의 발효에서 차용한 방법이다. 와인의 카보닉 메서레이션은 포도송이 전체를 발효조에 담고 이산화탄소를 충진하여 자연스레 산소가 사라진 환경에서 발효시키는 가공법이다. 이 과정에서 포도 자체에 존재하는 미생물이 느리게 발효를 진행해 외부요인의 간섭 없이 발효가 이뤄진다. 그 결과 타닌의 발생이 적고 부드러우면서 과일 향미가 두드러지는 레드와인이 완성된다. 이러한 방식을 커피에 적용하면 비슷한 효과를 기대할 수 있다. 커피체리 혹은 점액질이 있는 파치먼트가 압력을 받는 상태로 이산화탄소에 둘러싸여, 제한된 미생물에 의한 느린 발효의 결과보다 깨끗하고 선명한 향미가 완성되기 때문이다. 다만 커피에 가해지는 압력이 높아지면서 생두 자체의 밀도는 낮아지는 경향을 보인다.

© Compass coffee

카보닉 메서레이션은 커피의 발효를 제한하고 느린 발효를 지향한다는 점에서 무산소발효와 유사하다. 하지만 맥주의 발효는 무산소 환경에서 이스트의 활동을 극대화한다는 점, 와인의 발효는 이산화탄소로 둘러싸인 환경에서 포도 자체가 가진 이스트의 활동에 집중한다는 점에 차이가 있다. 점액질 제거 자체에 목적이 있었던 커피 발효의 영역이 확장된 것으로, 지금은 맥주나 와인의 발효를 더 깊이 있게 이해해야 하는 시점이다.

효모 첨가

효모를 첨가하는 것은 발효의 활성도를 높이기 위함이기도 하지만, 특정 효모의 활동만을 활용하려는 포석으로 보아야 마땅하다. 특히 효모 자체의 활동으로 특정 향미가 완성되는 사례가 있다. 맥주의 경우 '독일식 밀맥주 효모German Weizen yeast'는 바나나와 정향의 뉘앙스를, '프랑스 세종 효모French Sasion yeast'는 허브와 레몬, 향신료의 뉘앙스를 발현시킨다. 이뿐만 아니라 사케에 활용되는 누룩은 청포도 같은 향미를 자아내는데, 이는 첨가물을 넣어서 발생한 향이 아니라 오직 효모의 향에 의해 완성된 것이다. 이러한 효모가 커피에 첨가된다면 어떨까? 결론부터 이야기하자면 향을 입힐 수 있다.

개인적으로 맥주효모를 게이샤, 버번, 카투라 세 가지 커피 품종에 접종하는 실험을 해보았다. 같은 환경 조건을 갖추고 실험군1, 2와 대조군을 준비했다. 펄핑을 마친 파치먼트를 넣고 무산소 환경을 조성한 두꺼운 비닐봉투를 품종별로 세 개씩 마련한 뒤 0번 봉투에는 아무것도 첨가하지 않고 1번 봉투에는 독일식 밀맥주 효모를, 2번 봉투에는 프랑스 세종 효모를 넣어 발효를 시작했다. 모든 실험군은 발효과정 중 온도가 상승하는 것을 막기 위해 차가운 물에 담가두었으며, 온도가 유지되도록 지속적으로 물을 흘려주었다. 모

랄카페에서 판매 중인 커피 발효 전용 효모 '오로oro'

발효 실험에 사용될 맥주 효모를 계량하는 모습

점액질에 둘러싸인 파치먼트에 효모를 뿌린 직후

든 발효는 정상적으로 공기에 노출된 상태에 비해 진행 시간이 지연됐고, 이스트를 넣은 실험군의 발효 시간이 넣지 않은 것보다 다소 빨라졌다. 즉, 이스트를 첨가하면 이스트 없이 무산소로 발효하는 것보다 좀 더 빠른 발효가 진행된다는 결론을 얻었다. 이스트를 넣은 샘플이 대조군 샘플과 다른 향미를 지니는지에 대해서는 유의미한 결과를 얻었다. 바나나 향을 지닌 독일식 밀맥주 효모를 첨가한 샘플이 아무것도 첨가하지 않은 샘플보다 2~3점 높은 커핑 점수를 기록했고, 바나나 향미가 직관적으로 확인되지는 않았지만 기존 커피 향미와 어우러진 망고, 올리브 등의 뉘앙스가 발현되었다. 특히 향미의 발현은 품종별로 차이를 보였다. 향미의 다채로움이 게이샤, 카투라, 버번 순으로 높게 느껴진 것. 한편 프랑스 세종 효모를 첨가한 샘플들은 향미적인 다채로움을 달성하지 못했다. 그 이유를 알아본 결과 이스트의 활동 온도와 실험에서 설정된 온도의 괴리로 발효가 원활하게 이루어지지 않았기 때문이었다.

단 한 번의 실험이었기에 이 결과로 모든 것을 단정 지을 수는 없지만, 효모를 첨가하는 작업이 커피 향미에 영향을 미친다는 사실은 다수의 실험 참가자에 의해 확인됐다. 이를 심화해서 발전시킬 경우 뚜렷한 향미적 발현을 기대할 수 있으리라는 결론에 도달했다.

실제로 여러 나라의 농장에서 커피에 효모를 접종하는 작업이 이뤄지고 있다. 2014년 멕시코 핀카 쉐린 농장은 샴페인 이스트를 접종하는 실험을 진행했고 파나마 에스메랄다, 데보라 농장을 비롯해 과테말라 산타펠리사, 콜롬비아 파라이소 92 등 많은 농장에서 이미 효모를 사용하고 있으며, 앞으로 효모를 더욱 적극적으로 활용할 것이라고 전망했다.

효모를 첨가하는 발효의 성패를 가르는 것은 효모의 활동 환경을 조성하는 데 있다. 발효에 적합한 시간과 환경을 고려하는 것이 아니라, 효모가 활발하게 활동할 수 있는 온도와 충분한 당분 그리고 빛과 습도를 제대로 맞추면 더욱 드라마틱한 결과를 얻을 수 있으리라 생각된다. 맥주나 와인의 가공에 사용되는 효모의 활동 온도와 환경에 대한 연구가 이미 상당수 진행된 상황이다. 그 내용을 참고한다면 더욱 재밌는 결과물을 만들어낼 수 있을 것이다.

기타 첨가물

　발효 또는 건조 과정에서 기타 첨가물을 넣는 사례가 증가하고 있다. 현재 사용되는 첨가물은 오렌지 껍질과 시나몬 그리고 우유 등의 다양한 부재료다. 먼저 오렌지나 포도 등의 과일 껍질을 첨가하는 것은 과일 표면에 부착된 미생물을 접종함과 동시에 해당 과실의 향미를 더하고 싶어서다. 이는 포도 껍질에 붙어있는 미생물을 활용한 내추럴 와인의 양조에서 착안된 방식으로, 특정 미생물을 활용한다는 점에서는 앞서 소개한 '효모 발효'와 궤를 같이 하지만 과실의 풍미를 더하려는 의도가 있다는 점에 차이가 있다.

　향신료를 첨가하는 커피도 늘어나고 있다. 대표적으로 사용되는 향신료는 시나몬이다. 시나몬은 커피와 매우 밀접한 연관을 가진다. 카푸치노 위에 뿌리는 시나몬 파우더, 머들러로 커피 음료를 저으면 상승하는 시나몬의 풍미 등을 떠올리면 된다. 건조 과정 중 시나몬을 뿌려서 완성한 커피는 짙은 시나몬 향미를 지니고 있어, 화이트 커피에 잘 어울리는 특별한 커피로 각광받고 있다.

　발효 중 우유를 첨가하기도 한다. 이 경우 유당의 첨가로 인한 젖산의 발현으로 이어져 보다 폭넓은 향미 표현이 동반된다는 점이 인상적이다.

　맥주의 주재료인 홉Hop을 첨가한 커피도 있다. 이렇게 가공한 커피는 홉이 지니는 향미를 그대로 갖게 됨과 동시에 다른 미생물의 활동을 현저히 떨어뜨리는 항균성을 지니게 돼 홉 향이 보다 명징하게 드러난다. 다만 홉의 항균성으로 인해 발효 자체가 원활하게 이뤄지지 않을 수 있으므로 첨가하는 시점과 온도 등 다양한 변수를 정확하게 조정해야 한다. 홉은 맥주에 향과 쓴맛을 부여하며 항균성 및 거품의 안정성을 완성시키는 매우 중요한 역할을 하지만, 이를 커피에 활용하는 목적은 향미의 첨가에 있기 때문에 과도한 쓴맛이 발생하지 않도록 주의해야 한다. 참고로 홉의 다양한 성분 중 'a-acid'는 쓴맛과 직결되는 수치이기 때문에 지나치게 높은 a-acid를 가진 홉보다는 낮은 a-acid 수치와 원하는 향미 노트를 지닌 홉을 활용하는 게 좋다.*

 이 밖에도 커피 가공 시 여러 첨가물을 넣는 사례가 증가하고 있다. 락토바실러스를 첨가해 젖산 발효를 유발하거나, 당분을 함유한 과일 및 과일 주스 등을 넣어 과일 같은 뉘앙스를 더하고 폭넓은 아로마 전구체의 형성을 유도하는 등 그 목적은 다양하다.

기타 통제에 의한 방식

 커피의 가공은 전통적인 방식을 근간으로 하나 기후 변화 혹은 환경적인 제약으로 인해 새로운 방식이 모색되고 있다. 대표적으로 워시드 가공에 의해 야기되는 물의 오염이란 제약을 극복하기 위해 만들어진 에코프로세싱이 있다. 이번 파트에서 소개하려는 것은 새로운 향미 발현을 위해 가공 중 다양한 통제를 시행하는 사례다. 앞서 소개한 무산소발효나 카보닉 메서레이션은 제외한다.

 먼저 '다크 나이트Dark Night'라는 가공법이 있다. 이는 커피의 가공 과정에 간섭하는 빛을 통제하는 방식이다. 작업자는 이를 '밤에 커피에 가해지는 자외선을 통제한 상태로 발효를 진행하는 방식'이라고 소개한다. 빛의 통제를 통해 온도 상승을 제어하고, 자외선에 의한 살균 효과를 막아 보다 다양한 미생물의 활동을 기대할 수 있다는 점에서 주목할 만하다. 하지만 빛을 특정 시간대에만 차단했다는 점이 한계로 지목될 수 있다.

---

* 홉의 종류와 특성에 관한 연구 자료는 다양하게 존재한다. https://www.hopsteiner.com/에서 현재 재배되고 있는 홉과 관련된 주요한 정보를 얻을 수 있다. 이 프로필에 적힌 수치와 컵 노트를 잘 참고한다면 커피 가공시 홉을 부재료로 매우 유용하게 활용할 수 있을 것이다.

두 번째는 '프로즌 프로세스Frozen Process'다. 말 그대로 수확한 체리를 얼린 상태로 발효를 진행하는 것으로, 와인과 맥주의 발효에서 이미 사용되어 온 방식이다. 포도를 얼려 수분을 줄인 원액을 발효시켜 당분이 응축된 상태로 발효하는 '아이스바인Ice wine; Eiswein'을 떠올리면 된다. 이는 독일에서 유래된 양조법으로 고당도와 고산도를 보인다.* 이와 유사한 맥주 스타일로는 '아이스 복Ice Bock'이 있다. 맥주를 얼린 후 수분을 걷어내 보다 높은 당도와 알코올 도수를 지닌다.

이러한 사례로 미루어 보았을 때 체리를 얼리면 당분이 응축되기 때문에 아이스바인처럼 높은 당도와 산도를 지닌 커피가 탄생할 수 있고, 아이스 복처럼 재료 본연의 특징이 보다 짙게 드러날 수 있다. 현재 급속 냉동시킨 체리를 활용한 가공법이 사용되고 있으며, 이 결과물은 실제로 높은 당도와 산도를 지녀 특별한 가공법으로 인정받고 있다.

3
커피의 발효

커피의 발효는 미생물을 통해 잔여 과육을 제거하기 위해 시행되어 왔으나, 지금은 향미의 완성도를 높이는 매우 중요한 단계로 인지되고 있다. 발효를 제대로 알면 커피의 향미를 이해하는 데 큰 도움이 된다.

미생물은 산소를 좋아하는 호기성과 산소를 싫어하는 혐기성으로 구분된다. 이들은 각기 자신의 생존조건에 맞춰 활성화되는데, 커피의 발효 또한 이

---

* 자연적으로 언 포도로 만든 것만을 정식 아이스바인으로 인정하고, 포도를 수확한 후 일부러 얼려서 만든 와인은 아이스박스 와인으로 구분한다. 아이스바인이 아이스박스 와인에 비해 당도가 높고 향미적 다양성도 뛰어난 것으로 알려져 있다. 두 가지 모두 수분의 동결로 매우 높은 당도의 포도즙을 얼을 수 있다는 점에 착안한 양조 방법이다.

웻 퍼먼테이션의 시작   드라이 퍼먼테이션

체리의 사전 발효   산소를 차단한 무산소발효 장면(파일럿 랏)

러한 틀에서 크게 벗어나지 않는다.

  미생물은 기본적으로 당분을 섭취하고 발효 부산물을 발생시킨다. 커피 과육의 당분은 펙틴, 셀룰로오스, 비셀룰로오스 다당체 등으로 구성된 미생물의 좋은 먹잇감이라서 이들은 왕성한 활동을 통해 다양한 긍·부정 부산물들을 생성한다. 발효 부산물로는 이산화탄소(CO_2), 알코올(에탄올), 유기산,

아로마 전구체 등이 있는데, 이 중 유기산과 아로마 전구체 등이 커피 향미에 영향을 끼친다.

젖산 발효

혐기성 발효로 산소가 없는 환경에서 주로 이뤄진다. 젖산균은 당류를 분해해서 젖산을 생성하는데, 젖산은 온화한 산미를 만들고 pH를 적절하게 유지시킨다.

초산 발효

호기성 발효로 다량의 산소를 필요로 하기에 산소가 통제되지 않은 환경에서 폭발적으로 진행된다. 커피가 산소에 노출되는 시간이나 빈도가 높을수록 초산의 생성이 많아져 자극적인 산미로 연결될 수 있다. 커피에서 낮은 농도의 초산은 과일 같은 향미로 이어질 수 있으므로 초산 발효는 잘 제어하는 것이 중요하다.

알코올 발효

효모가 무산소 환경에서 당분을 섭취하면 이산화탄소와 알코올이 만들어지는데, 이를 알코올 발효라고 일컫는다. 이 과정에서 알코올은 커피의 발효에 결정적 영향을 주지는 않지만, 이산화탄소가 커피를 감싸면서 커피 향미가 산화하는 것을 방지한다.

페루에서의 이스트 발효 가공 실험

Part.1

일시	2019년 8월 15일
장소	Huabal, Cajamarca
농장	핀카 윌더 가르시아 Finca Wilder Garcia
고도	1,670m
실험 내용	발효과정 중 맥주 효모 투입이 미치는 향미적 상관관계 검증
실험 품종	버번, 카투라, 게이샤
실험 효모	① 맹그로브 건조 이스트
	② 바바리안 위트 이스트 Bavarian wheat yeast (이하 M20)
	③ 프렌치 세종 에일 이스트 French Sasion Ale Yeast (이하 M29)

실험에 사용한 효모에 관하여

M20, M29 두 가지 효모는 모두 영국 맹그로브 Mangrove에서 제조·판매된 건조효모로, 유통기한이 넉넉히 남은 제품을 사용했다.

1. M20
상면발효 밀맥주 효모로 바나나와 정향의 향을 부여하며, 부드러운 식감과 풍부한 바디감을 만들어 주고, 스파이스 아로마와 잘 어우러진다. 적정 발효온도의 범위는 18~30℃로, 이를 벗어나면 향미와 바디감 형성이 어려울 수 있다.

> ### 2. M29
> 상면발효 효모로 스파이시, 프루티 그리고 후추류의 향미를 지닌 독특한 맥주를 만들어 준다. 발효 적정 온도가 26~32℃로 다소 높은 편이므로, 효모의 활동을 극대화하려면 비교적 높은 온도에서 발효하는 것이 좋다.

실험 순서

1. 잘 익은 체리만을 선별적으로 수확한다.
2. 수확한 체리를 차가운 물에서 1시간가량 휴지시킨다.
3. 체리를 펄핑한다. 이때 차가운 물을 뿌리며 온도 상승을 억제한다.
4. 그레인프로 봉투에 커피를 담는다. (pH값 = 5.6)
5. 이스트 피칭을 진행한다. (커피 30kg당 효모 1포)
6. 아로마 밸브를 달아서 산소의 유입을 차단한 후 발효를 시작한다. 이때 발효조에 차가운 물을 담고, 비닐봉지를 찬물에 담가 온도가 지나치게 오르는 걸 막는다.
7. 6시간마다 pH값을 체크해 수치가 3.5에 도달하면 세척한다.
8. 세척 후 그늘에서 천천히(약 20일) 건조한다.

이 실험을 통해 알아보고자 한 것은 맥주 효모가 커피 향미에 영향을 미치는지, 긍정적인 효과를 도출할 수 있는지였다. 전체 실험의 주안점으로 삼았던 점은 '차갑게', '천천히'였다. 온도의 상승은 체리의 산패와 과발효를 초래할 수 있으므로 체리의 휴지, 펄핑, 발효 중 산에서 흘러내려오는 차가운 지하수를 이용해 온도 상승을 최대한 억제했다. 온도를 가능한 한 차갑게 유지하는 것이 커피의 손상을 막는다고 판단한 것이다. 또, 효모의 상세설명을 확인해 효모 투입 시 최적 온도라 여겨지는 지점을 파악하여 실험을 진행했다.

총 샘플은 아홉 개(품종별 세 개)였다. M20을 투입한 1번, M29를 투입한 2번 그리고 이 둘의 대조군인 이스트를 투입하지 않은 0번으로 설정해 이스트의 투입이 향미에 미치는 영향을 관찰했다. 품종1은 게이샤, 품종2는 버번, 품종 3은 카투라로 설정해 품종별로 효모가 어떠한 영향을 끼치는지도 확인하고자 했다. 이들 아홉 개 샘플은 pH값이 임계점(3.5)에 도달할 때까지 차가운 물에 담긴 상태로 발효를 진행했으며, 임계점에 도달한 커피는 즉시 세척해서 과발효를 막았다.

체크 포인트

1. 효모를 투입하지 않은 커피(0번)와 효모를 투입한 커피(1~2번)의 향미 차이를 관찰해 사용한 효모가 발현시키는 향미가 커피에도 유의미한 결과를 만들어내는지 확인
2. M20, M29가 각 품종에 끼치는 영향
3. 맥주 효모가 만들어내는 향미가 커피 본연의 향미와 어떤 상관관계를 지니는가

	게이샤	버번	카투라
0번 (효모 X)	플로럴, 오렌지	오렌지, 초콜릿	오렌지, 사과
2번 (M20 투입)	망고, 올리브, 플로럴	시트러스 향미 상승	큰 변화가 없었음
2번 (M29 투입)	플로럴, 레몬그라스	허브, 시트러스	허브, 오렌지

실험 결과

M20은 커피 향미에 유의미한 변화를 가져왔다. 특히 게이샤에 투입된 M20은 기존의 플로럴, 오렌지 향미를 망고, 올리브 등의 이국적인 뉘앙스로 전환했다. 버번에서도 과일의 뉘앙스가 강해지는 것을 확인할 수 있었으나, 카투라에서는 이렇다 할 변화가 관찰되지 않았다.

M29 효모를 투입한 커피들은 약간의 뉘앙스 변화를 보이긴 했지만, 유의미한 정도는 아니었다. 다만 레몬그라스류의 향미가 추가되어 다채로움을 확

장하는 효과가 있었다.

실험 결과 맥주 효모의 향미가 커피의 전체 뉘앙스를 색다르게 조정할 수 있는 가능성이 있음을 확인했다. 중요한 점은 기존 커피의 향미가 맥주 효모가 빚어낸 향미로 치환되는 것이 아니라, 커피 고유의 향미에 맥주 효모가 만들어낸 향미가 추가되어 변화한다는 것이다.

이 실험 한 번으로 효모를 투입한 커피에 대한 결론을 내리는 것은 다소 어렵지만, 발효 과정에서 향미를 조정하는 방법 중 하나로 맥주 효모를 활용하는 것이 유효하다는 결론을 얻었다. 또한 전체 과정에서 온도를 차갑게 유지하는 것을 주요하게 여긴 이번 실험의 배경을 생각하면, 이렇게 조성된 온도가 M20의 활동에는 적합했지만 M29의 활동에는 부적합했을지도 모른다. 그로 인해 M20을 투입한 커피의 향미가 M29를 투입한 커피보다 더 뚜렷하게 변화한 것이다.

효모로 인한 pH의 변화

발효 과정에서 각 효모가 커피의 pH를 어떻게 변화시키는지를 체크했다. 5.6 내외의 수치를 보이던 pH값은 발효가 진행됨과 동시에 점차 낮아지는데 이 수치가 3.5에 도달하면 발효를 종료하고 즉시 세척해 과발효를 방지했다. 각 품종의 pH값 변화 추이에는 특별한 경향이 관찰되지 않았지만, 효모 투입 없이 무산소발효를 진행한 대조군보다 효모를 투입한 샘플의 pH값 하강 속도가 더 빨랐다.

구분	발효 시간에 따른 pH값							
	발효 전	12h	24h	36h	48h	60h	72h	84h
페루 전통		4.8	3.5	-	-	-	-	-
무산소발효	6.73	6.5	6.1	5.6	5.1	4.7	4.3	3.5
효모 투입		6.3	6.0	5.4	4.9	4.6	4.3	3.5(80h)

Part.2

일시	2022년 7월 31일~8월 1일
지역	Chirumbia, Quellouno, Cusco
농장	핀카 치리로마 Finca Chiriloma
고도	1,950m
실험 내용	① 한국의 누룩이 체리의 사전 발효에 긍정적 영향을 주는가
	② 누룩, 효모가 커피의 발효에 어떤 영향을 끼치는가
실험 품종	게이샤, 마라고지페
실험 효모	① 쌀누룩 ② 금정산성 밀누룩
	③ M20 ④ 미드이스트(이하 M05)

실험1 사전 발효 : 휴지 단계 이스트 피칭

실험 순서

1. 잘 익은 체리를 수확한 후 물을 이용해 한 번 더 선별하고, 깨끗한 물로 세척한다.
2. 세척한 체리를 무산소발효 용기에 담으면서 중간중간 이스트를 넣고, 6시간 동안 사전 발효한다.
3. 발효가 끝나면 펄핑을 진행한다.
4. 펄핑을 마친 커피를 무산소발효 용기에 담는다.
5. 3일간 18~22°C의 환경에서 무산소발효를 진행한다.
6. 발효 종료 시점(pH 3.5)에 도달하면 즉시 차가운 물로 세척한다.
7. 세척이 완료된 파치먼트를 별도의 시설에서 건조한다. (건조 온도 약 22~25°C)
8. 건조는 최소 10일, 15일, 20일 정도로 수분을 측정하면서 진행한다.

설계의도

일본의 사케 효모인 코지Koji를 활용한 가공법에 착안해 같은 공정으로 진행한 누룩발효 실험이다. 체리의 휴지 단계에서 누룩을 피칭해 누룩의 활동이 체리의 사전 발효에 긍정적인 영향을 미치는가를 검증하고자 했다.

누룩의 최적의 활동 온도를 25℃로 설정하고, 체리 표면에 누룩이 충분히 작용할 수 있도록 골고루 섞은 뒤 산소를 차단해서 원하지 않는 미생물의 작용을 최대한 억제했다. 미생물의 간섭과 외부 요인을 차단하여 발효한 파치먼트가 사전 발효 단계에서 투입한 누룩의 뉘앙스를 그대로 보존하는지를 확인했다.

 발효기간 이스트 피칭

실험 순서

1. 잘 익은 체리를 수확한 후 물을 이용해 한 번 더 선별하고, 깨끗한 물로 세척한다.
2. 세척 후 즉시 펄핑한다.
3. 펄핑한 체리를 무산소발효 용기에 담으면서 중간 중간 이스트를 피칭하고 잘 섞어준다.
4. 온도를 유지한 상태에서 3일간 발효를 진행한다. 발효 온도는 각 이스트의 최적 활동 온도에 맞게 설정하고, 온도 변화가 적은 발효통을 사용한다.
5. 발효가 완료된 후 차가운 물로 세척하며 이스트와 잔여 점액질을 제거한다.
6. 세척한 파치먼트가 가능한 겹치지 않도록 넓게 퍼트려 그늘에서 건조한다. 건조장 온도는 27℃ 이상을 넘어가지 않도록 하고, 통풍이 원활하도록 한다. 습도의 간섭 또한 최소화했다.

설계의도

큰 틀에서는 2019년도의 실험과 맥을 같이하는 설계로, 긍정적인 효과를 보였던 M20의 활동을 보다 극대화하는 것을 핵심 테마로 삼았다. 또한 인류 최초의 술로 알려진 미드Mead(꿀술) 발효에 쓰이는 M05의 향미노트가 어떻게 발현되는지를 확인하고자 했다. 미드는 별도의 첨가물을 넣지 않고 꿀과 물을 혼합한 꿀물에 이스트를 투입해 발효하는 술이다. 커피의 점액질과 과육이 꿀과 유사하다는 점에서 보다 효과적인 점액질 제거와 플로럴 향미의 발현이 가능하다고 생각했다. M05는 맥주 이스트에 비해 발효 가능 온도의 범위가 넓고, 발효력이 더 뛰어나기 때문에 더욱 빠르고 안정적인 발효가 가능할 것으로 예측했다.

마지막으로 누룩의 투입으로는 쌀이 발효되면서 발현되는 감칠맛이나 젖산 등의 향미 그리고 특유의 질감이 더해지는 효과를 기대했다. 궁극적으로는 청주(사케)에서 느껴지는 깨끗한 청포도나 청사과의 고급스런 산미가 표현되기를 기대하며 실험을 설계했다.

	발효 시간	건조 시간
M20		
M05	3일 (발효 임계점: pH3.5)	18~20일 (그늘 건조)
쌀누룩		

실험 결과

이스트를 첨가해 발효한 결과 공통적인 특성이 있는가 하면 각기 다르게 발현되는 특성도 존재했다. 먼저 공통적인 특성으로는 이스트를 첨가하지 않은 전통 발효 방식에 비해 발효 시간이 짧아졌다는 점이다. 이스트가 과육과 점액질을 분해, 제거하는 능력이 뛰어나기 때문이다. 또한 세 가지 커피 각각이 가지고 있는 품종 특유의 향미와 이스트가 만들어 낸 향미가 순차적으로 발현되어 어우러졌다. 커피가 지닌 떼루아, 품종적 특성이 사라지지 않았다는 뜻이다.

M05가 첨가된 게이샤는 품종 특유의 플로럴, 오렌지, 복숭아, 베르가모트 등의 향미와 함께 이스트가 만들어 낸 플로럴, 스파클링한 특성이 느껴졌다. 애프터테이스트에 느껴지는 이스트가 빚어낸 아카시아 같은 플로럴함과 오랫동안 입 안이 시원해지는 듯한 느낌이 특히 인상적이었다.

맥주 이스트를 넣은 커피에서는 플로럴, 복숭아, 오렌지 같은 향미와 이스트가 만들어 낸 바나나류의 향미가 합쳐지면서 망고, 올리브 종류의 풍미가 났다. 핵과류 과실의 풍미가 더욱 극대화되는 효과를 보인 것이다. 쌀누룩을 더한 커피의 경우 발효도가 가장 높아 약간의 쿰쿰함이 느껴졌다. 게이샤 품종에 기인한 오렌지, 복숭아류의 향미와 함께 누룩이 생성한 요구르트 같은 산미가 어우러졌으며 바디감은 무거워졌다.

이번 실험 결과 이스트의 첨가는 커피의 발효 속도에 영향을 미치며, 첨가한 이스트의 종류에 따라 각기 다른 향미가 만들어진다는 것을 확인할 수 있었다. 특히 이스트가 생성하는 향미는 주로 커피의 애프터테이스트에서 명징하게 발현되고, 본래 커피의 뉘앙스와 합쳐지며 더욱 시너지를 냈다.

그러나 본 실험은 철저한 온도 통제를 통해 이스트의 활동 속도를 완벽하게 조절하지 못했다는 한계점을 지닌다. 필자가 학습한 바에 따르면 이스트의 활성도가 가장 높은 시점에 발효 속도가 빨라지고 점액질 제거의 활성도 역시 정점을 찍는다. 이스트가 만들어내는 향미와 산미의 강도를 높이고 싶다면 이스트가 활동하는 환경에 걸맞게 온도를 조정하는 것이 적절하겠다.

3
가공법의 발전과 혁신 그리고 미래

　가공법은 날로 발전하고 있다. 이 발전이 현재의 한계점을 타개하기 위한 탐색이 될지 혹은 새로운 향미의 발현을 위한 도전이 될지는 조금 더 지켜보아야 할 문제다. 급변하는 기후 환경을 극복하기 위해 농부들은 품종의 변화와 가공법의 진화를 복합적으로 탐색하고 있고, 지금은 다양한 시도가 이뤄지는 단계다. 기후 환경의 영향을 100%로 받는 자연이 완성시키는 작물이었던 커피와 재배 관리, 품종 및 가공법의 개발 등에 인간이 본격적으로 개입하고 있다. 이는 커피 시장이 매우 큰 변화의 기로에 놓였음을 뜻한다. 커피와 매우 인접한 음료인 맥주의 사례를 예로 들어 설명해 보고자 한다.

　맥주는 메소포타미아 문명에서 보관하던 잉여농산물이 우연히 비를 맞아 발효된 데에서 태동했다. 이때만 해도 무엇이 발효를 일으켰는지 알지 못했기 때문에 맥주는 신이 준 선물로 여겨졌고, 이에 맥주를 만드는 신 '닌카시'라는 존재가 숭상받기도 했다. 이렇게 우연히 발견된 음료는 수천 년이 지나 현재에 이르고 있는데, 현재 규정된 맥주의 스타일은 100여 가지에 달한다. 그간 발효를 통제하고 분류하는 등의 발전이 이뤄졌고, 지금은 정해진 맥주 스타일에 속하지 않는 것은 맥주로 여겨지지 않는다. 결국 자연에 의해 탄생한 맥주는 인간에 의해 체계화된 것이다. 이제는 '인간이 규정한 바'를 벗어나면 맥주로 인정받지 못한다.

　그럼 커피의 가공은 어떨까? 본래 시도되어오던 전통적 가공법에 인간이 적극적으로 개입했다면 명확하게 정해진 바를 성취하는 것을 목적으로 해야 한다. 하지만 최근 출시되는 커피 중에는 가공에 개입한 인간의 의도를 추정할 수 없는 경우가 꽤나 많다. 사람이 가공에 개입해 변수를 통제하고, 원하는 첨가물을 넣어 의도하는 향미가 완성됐다면 매우 성공적인 가공인 셈인데, 반대로 부정적인 향미가 생기면 '인간이 개입해서 완성도를 높인 커피'로 인정할 수 없다. 새롭고 특별한 가공법이 시도되면서 '독특한' 향미를 지닌 커피가 곧 '특별한' 향미를 지닌 커피로 받아들여지기도 하지만 이는 바람직하지 못한 방향이라 생각된다. 사람의 개입을 통해 보다 발전적인 방향의 향미가 발현되거나 안정성이 확보된다면야 환영할 일이지만, 부정적으로 인지되는 향미가 발생했을 때 이를 특별한 것으로 포장하는 일은 없어야 할 것이다.

와인의 가공도 맥주와 비슷하다. 본래 와인의 양조는 수확한 포도를 기타 첨가물 없이 발효해서 완성하는 전통적인 방법으로 발전했다. '내추럴 와인'이라 명명한 것도 포도 껍질에 붙은 미생물을 그대로 활용했다는 점에서 '자연스럽다'라는 의미를 담은 것이다. 하지만 내추럴 와인 이후 등장한 양조 방법은 카보닉 메서레이션, 시멘트 발효조, 양조 이스트 첨가 등 인간의 본격적인 개입이 이뤄진 방식이다. 이로써 와인 시장은 큰 변혁을 겪게 됐다. 장르가 더욱 체계화되고 향미가 안정화되는 효과를 누렸으니 이는 성공적인 개입이었지만 현재 와인 시장에서는 다시 내추럴 와인이 대두되고 있다. 이러한 현상은 트렌드 및 소비자의 소비 패턴 변화와 맞닿아 있다.

결국 커피도 이러한 사례를 답습할 것으로 예상된다. 본래 커피의 가공은 자연이 빚어낸 커피를 사람이 얻게 되는 형태였다면, 현재는 사람이 적극적으로 과정에 개입해 더욱 다양한 커피를 만들어내고 있다. 이는 옳고 그름의 여부를 넘어 명확한 구분이 이뤄져야 하는 부분이다. 전통적인 가공법과 새로운 가공법을 투명하게 분리하는 것은 커피 시장의 다양화와 안정화 그리고 최종적으로는 소비자의 선택의 폭을 넓히는 시장의 확대를 의미한다. 그러므로 새로운 가공법에 대해 체계적이고 투명하게 공개하는 것이 최우선 과제일 것이다. 가공 과정 중 첨가물을 넣었다면 무엇을 얼마큼 넣었는지, 정확히 어떻게 가공했는지 밝혀야 시장의 건전성을 확보할 수 있을 것이다. 소비자들의 소비 패턴이 고급화되고 먹을거리에 대한 관심이 높아진 만큼 그들의 눈높이에 맞는 커피 정보가 공개되어야 마땅하다.

④ 가공법에 따른 향미 변화
(발효도와 연관된)

1
워시드

워시드 가공을 거친 커피는 대체로 발효취가 감지되지 않아야 한다. 하지만 발효 과정의 환경이나 변수가 각기 다르므로 워시드 커피는 무조건 발효취가 없다고 단언하긴 어렵다. 이어지는 내용에서는 ①에서부터 숫자가 높아질수록 잔여 점액질 혹은 과육의 영향이 많아 발효도가 높아지는 것으로 이해하면 된다. 물론 이러한 구분법으로 모든 나라의 커피를 완벽하게 분류하기는 어렵지만, 커피의 향미에 따른 발효도 측정은 가능하다.

① 시트릭 프루티 Citric fruity
시트릭은 레몬, 오렌지, 자몽, 라임을 아우르는 과실의 산미인데, 낮은 발효도로 가공된 워시드 커피에서는 이들 향미가 두드러지게 감지된다. 이는 윗 퍼먼테이션을 거쳤거나 에코프로세싱처럼 발효가 거의 일어나지 않도록 가공된 커피에서도 관찰되는 향미다.

② 나무에서 열리는 과실들 Fruit tree

이 카테고리에 속하는 향미들은 시트러스에 비해 조금 더 고급스러운 향미로 인지된다. 주로 핵과류 과실이 여기에 포함된다. 사과나 배 같은 과실의 뉘앙스 역시 ①의 경우보다 발효도가 조금 더 높아진 결과로 볼 수 있다. 이 역시 웻 퍼먼테이션을 거친 커피에서 관찰할 수 있는 향미다.

③ 베리 Berries

베리류는 주로 내추럴 가공한 커피의 향미로 알려져 있는데, 발효도가 높은 워시드 커피에서도 이러한 뉘앙스가 관찰되곤 한다. 이는 발효도가 낮은 내추럴의 향미와 오버랩 된다. 이 경우 허니나 드라이 퍼먼테이션을 거친 워시드 커피에서 주로 발견되는 향미다.

2
내추럴

내추럴 가공을 거친 커피는 과육의 영향을 100% 받기 때문에 높은 당도를 지닌 과육의 과발효 위험성을 항상 주의해야 한다. 하지만 커피가 건조되는 환경과 조건들을 완벽하게 조절한다면 매우 복합적이고 긍정적인 향미를 얻을 수 있다.

① 트로피컬 Tropical

트로피컬은 '열대과일'로 번역할 수 있으며 이국적인 향미를 통칭하는 컵 노트다. 패션프루트, 파파야, 멜론, 구아바, 바나나 등이 여기에 속하는데 이는 발효가 조금 더 진행되면 발현되는 향미로, 내추럴 가공을 거친 생두에서는 비교적 낮은 발효도를 지닌 향미로 구분된다.

② 드라이 프루트 Dry fruit

신선 과일에 비해 농축된 단맛을 지닌 말린 과일에서는 보다 뚜렷한 과실 향이 난다. 건포도, 건자두, 건살구 등이 여기에 속하며 완연한 내추럴 프로세스의 결과물에서 흔히 관찰되는 긍정적인 컵 노트다. 열대과일에 비해 발효도가 조금 높은 커피에서 관찰된다.

③ 와이니 Winey

와이니는 '발효취'가 감지됨을 상징하는 노트다. 앞서 소개한 트로피컬과 드라이 프루트는 발효취가 거의 느껴지지 않는 내추럴 커피이지만, 와이니는 발효된 과실의 뉘앙스가 본격적으로 감지되는 단계다. 다소 쿰쿰하고 꼬릿한 향미가 숨겨져 있는데 이러한 향미가 살짝 드러나는 경우 잘 발효된 내추럴 커피로 인정받는다. 와이니까지는 발효취로 생각하지 않는 이가 많지만, 효모에 의해 발효가 진행되는 과정에서 완성된 뉘앙스로 보는 것이 맞다.

④ 스파이시 Spicy

향신료 향미는 발효도가 과도해지기 시작하는 관문으로 호불호가 나뉘는 기점이다. 특히 높은 온도에서 빠르게 건조된 내추럴 커피에서 스파이시한 향미가 발현되는 사례가 많다. 이 경우 긍정적인 발효대사산물이 발현된 것이 아니라 부정적 발효가 진행된 것으로 보아야 한다. 약간의 스파이시는 다채로움의 한 축으로 인정받을 수 있지만, 만약 지배적인 수준이라면 부정적 요소로 분류하는 것이 좋다. 향신료를 좋아하는 사람에게는 긍정적인 향미로 인지될 수도 있으나, 대다수의 사람들은 이를 낯설어하며 부정적 향미로 받아들인다.

⑤ 치즈 Cheese

아마도 커핑에서 치즈라는 노트를 감지한 이들은 많지 않을 것이다. 최근 만들어진 과발효 커피들에서 감지되는 깻잎김치나 과도한 시나몬 등이 치즈와 연결되는 향미 노트다. 버터, 그릭요거트 등의 노트도 유사하다. 이는 발효의 임계점인 pH값이 과도하게 낮아졌음을 의미하며, 많은 당분이 신맛으로 발현되어 커피의 향미구조가 무너졌다는 뜻이다. 때에 따라 요구르트 같은 뉘앙스를 지닌 커피가 사람들의 선호를 받기도 하지만, 치즈는 긍정적인 노트로 분류하기 어렵다. 발효 과정에서 매우 높은 온도에 노출됐거나 잡균의 이염으로 인해 만들어진 날카로운 신맛의 생성과 맞닿아 있기 때문이다.

⑥ 오프플레이버 Off flavor

오프플레이버는 커피의 영역에서는 잘 사용되지 않는 표현인데 맥주의 향미 평가에서 흔히 찾아볼 수 있다.* 이는 발현되지 말아야 하는 향미를 지칭하며 썩은 Putrid, 페놀 Phenol, 곰팡이 Moldy 등의 노트가 여기 속한다. 즉, 결점두에 의해 나타나는 플레이버로 과발효에 의한 향미가 모두 여기에 속한다. 한편 오프플레이버에 가까운 향미를 생경함과 특별함으로 인지하는 경우가 종종 있으므로 주의해야 한다. 이는 마시는 사람의 건강에 부정적 영향을 끼칠 수 있다.

---

* 다양한 요인으로 인한 맥주의 오염으로 탄생한 향미를 지칭하며, 오프플레이버가 발생된 커피는 폐기처분해야 한다. 맥주는 브루마스터 Brew master가 완벽한 설계를 통해 완성되는 음료이므로, 의도한 바와 다른 단맛과 신맛 그리고 알코올이 발현된다면 그 맥주는 잘못 만들어진 것이다.

5
재배 및 가공 과정에서의 미생물

변화하는 기후 및 환경은 기존의 재배법이나 가공법으로는 통제되지 못하기에 이르렀고, 생산국들은 이에 대응하기 위해 커피 가공에 적극적으로 개입하기 시작했다. 가공 과정에서 미생물의 활동을 제어하거나 더욱 활성화하는 발효의 튜닝이 가장 대표적인데, 재배 과정에서도 미생물을 보다 적극적으로 통제하는 것이 더 나은 결과물을 얻기 위한 필요조건으로 여겨지고 있다.

1
재배부터 가공까지

커피는 재배 및 수확, 가공 과정에서 수많은 미생물과 접촉하게 된다. 나무에 꽃이 피고 체리가 열리는 과정에서의 미생물, 나무가 살아가는 땅과 낙엽 그리고 땅에 떨어진 체리로 인해 발생하는 미생물 그리고 가공 과정에서 첨가된 물과 펄핑 및 발효 과정 전반에 작용하는 미생물 등이다.

오른쪽 위의 그림은 각 과정에서 간섭하는 미생물들을 구분해 놓은 것이고, 아래 그래프와 표는 각 단계에 분석된 미생물들의 군집을 분석한 결과다. 이처럼 재배 단계에서도 수많은 미생물이 각기 다른 역할로 작용하고 있음을 알 수 있다.

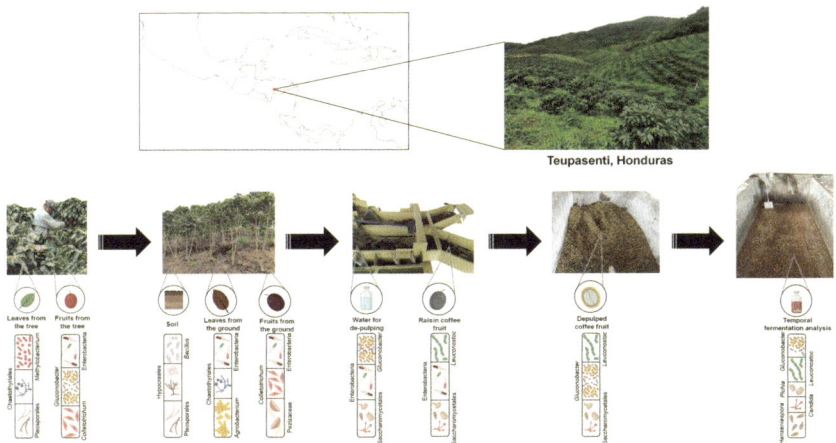

Figure 1. Composition of bacterial (**A**) and fungal (**B**) communities from the Fortune Specialty Coffee farm *terroir*. Only microorganisms with prevalence superior to 1% are showed.

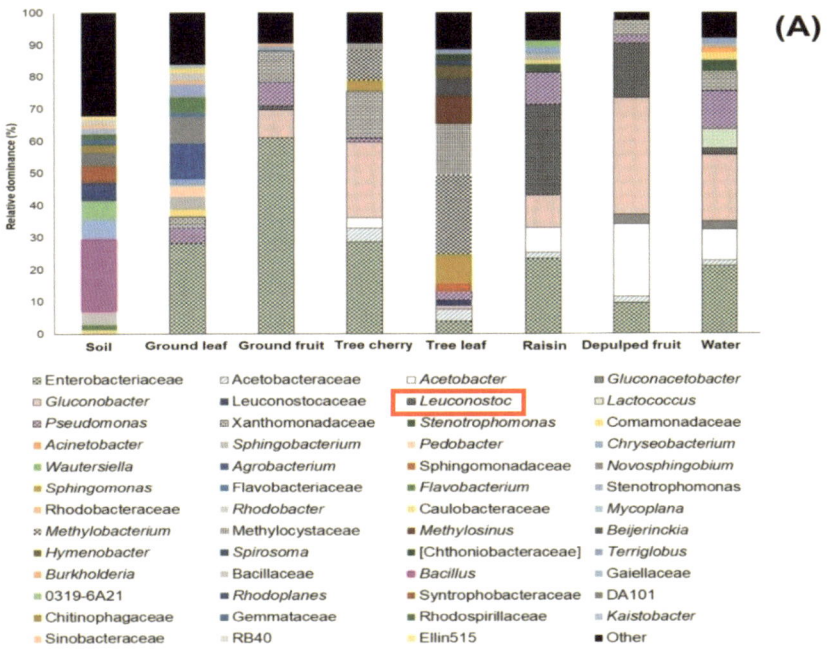

출처 Fortune mountain coffee-biofortune group 'Microbiota Mapping to understand further fermentation process' 2021

2
미생물과 컵 퀄리티

품종, 영양상태, 기후, 재배조건

: 휘발성 물질, 알코올, 에스테르, 유기산

미생물군(이스트, 박테리아), 고도, 재배법

: LAB, 사카로미세스(알코올), 피키아(당균 X), 아세토박터

가공법(워시드 - 침수, 고형분 / 무산소, 허니, 내추럴 - 발효 및 산화)

: 특정 효모·박테리아의 발효산물

3
발효에 작용하는 대표적 미생물

젖산균

    젖산균은 혐기성 세균으로 산소가 없는 상태에서 더욱 활성화된다. 이는 부드러운 산미를 생성하며 커피의 pH를 안정적으로 유지시키고, 잡균의 번식을 억제한다. 커피의 발효 과정에서는 에탄올, 초산, 알코올, 이산화탄소 등 다양한 성분들을 만들어내며 커피의 향미 형성에 지대한 역할을 한다. 이러한 효과를 극대화시키기 위해 발효 중 젖산균이나 유산균을 첨가하기도 한다.

초산균

초산균은 호기성 균주로 산소가 있는 환경에서 폭발적으로 활성화된다. 이는 매우 강력한 초산을 생성하기 때문에 초산균의 활동을 조절하지 못하면 발효가 실패할 수 있으므로 주의해야 한다. 흔히 식초 같은 신맛을 생성하므로 소량의 초산균은 맛의 높낮이를 만들어 주는 매우 긍정적인 역할을 하지만, 조금만 과도하게 발현돼도 극도로 부정적인 효과를 낳는다. 최근 산소를 차단하는 발효가 도입된 것은 이러한 이유에서다.

효모

효모는 흔히 술 혹은 빵을 만들 때 작용하는 미생물로 알려져 있다. 커피의 발효 과정 중 주로 작용하는 미생물들은 당을 분해하는 사카로미세스 Saccharomyces 속에 속한다. 이들은 당을 분해하고 발효 결과물로 이산화탄소와 알코올을 생성하며, 유기산과 향기물질을 만들어낸다. 술의 발효에서는 탄산과 알코올이 매우 중요한 역할을 하지만, 커피의 발효에서는 유기산과 향기물질이 핵심이다. 단, 발효과정에서 생성되는 알코올은 다른 잡균들의 번식을 억제하고, 이산화탄소는 산화를 막기 때문에 이를 활용한 새로운 가공법이 등장하기도 했다.*

---

* 맥주에 작용하는 미생물은 에일 맥주를 만드는 사카로미세스 세레비시아Saccharomyces cerevisiae와 라거 맥주를 만드는 사카로미세스 파스토리아누스Saccharomyces pastorianus로 구분된다. 당 분해가 목적인 것은 같으나 생성되는 향미와 활동 온도 등에서 큰 차이를 보인다. 특히 세레비시아의 경우 다양한 맥주를 양조할 수 있는 각기 다른 효모가 상용화되어 있어, 원하는 향미를 만들어내기가 용이한 편이다.

⑥ 디카페인 커피

앞서 설명한 체리의 가공법과는 조금 다른 관점의 가공인 디카페인 공법을 소개한다. 디카페인 커피 시장은 지난 몇 년간 폭발적으로 발전해왔다. 커피 맛이 빠진 듯 맛없는 디카페인 커피가 주를 이뤘던 과거와 달리, 이제는 화학적인 이슈와 향미적 우수성을 모두 만족시킬 수 있는 다양한 디카페인 공법이 개발되어 사용되고 있다.

1 유기용매 추출법

벤젠 Benzen

100년 전 가장 처음 사용된 디카페인 공정으로 생두를 벤젠에 담가 카페인을 제거하는 방식이다. 벤젠이 발암물질로 분류된 후부터는 사용되지 않는다.

에틸아세테이트 E.A

사탕수수에서 추출한 천연 에틸아세테이트 성분을 활용해 카페인을 제거하는 방법이다. 먼저 생두에 저압 증기를 30분가량 쐬어 실버스킨을 제거한 뒤 생두의 기공을 열어 카페인 추출을 용이하게 만든다. 그다음 천연 에틸아세테이트를 물에 희석한 용액에 생두를 완전히 담근다. 이 과정에서 카페인이 용출되어 에틸아세테이트 용액에 녹아 나온다. 이 용액을 버린 뒤 새로운 용액에 생두를 약 8시간 동안 담가두면 카페인을 97%가량 제거할 수 있다. 휘발성 방향 성분인 에틸아세테이트는 70℃ 이상의 고온에서 모두 증발되기 때문에 로스팅 중 모두 날아가 커피 향미에 부정적 영향을 끼치지 않는다. 또한 에틸아세테이트 희석액은 열을 발생시키지 않아 생두 본연의 향미를 그대로 유지할 수 있다는 장점이 있다.

염화메틸렌 Methylene Chloride

생두를 일정 시간 동안 뜨거운 물에 담가서 카페인이 물에 흘러나오도록 한 다음 물에서 꺼내고, 그 물에 염화메틸렌 용제를 첨가하여 녹아있는 카페인을 1% 미만까지 제거한다. 그리고 여기에 다시 생두를 담가 커피의 맛 성분들을 생두가 다시 흡수하도록 하는 공법이다. 이 공정에 사용되는 염화메틸렌은 FDA에서 승인한 첨가물로 가공 공정에서 대부분 사라지며, 혹여 잔여물이 남아있더라도 로스팅 중 쉽사리 휘발된다. 가장 최근에 개발된 디카페인 공법으로 커피 향미의 유지에 가장 효과적인 공정으로 여겨진다.

2
물을 활용한 카페인 제거

스위스 워터 프로세스 Swiss Water Process

삼투압 현상을 활용한 카페인 제거 공법으로 화학적인 첨가물이 사용되지 않은 최초의 디카페인 공정이다. 생두를 찐 다음 뜨거운 물에 담가 생두의 다양한 성분을 모두 용출시킨 다음, 특수 필터(활성탄)를 사용해서 카페인만 선별적으로 걸러낸 뒤 커피의 향과 맛이 보존된 용액을 다시 새로운 생두에 투여하는 방식이다.

마운틴 워터 프로세스 Mountain Water Process

생두에 증기를 가해 팽창시켜 기공을 연 뒤, 산에서 흘러내려온 낮은 온도의 천연수로 카페인을 제거하는 방식이다. 약 97%의 카페인을 제거할 수 있으며, 카페인을 용출시킨 뒤에는 60℃ 이하의 따뜻한 바람으로 삼중 건조해 적정 수분율까지 건조시킨다. 이는 인공적인 첨가물을 사용하지 않고 카페인을 제거하는 가장 친환경적인 가공법으로 알려져 있다. 이 공정을 거친 생두는 곡물의 고소함과 사탕수수 같은 달콤한 뉘앙스를 가진다.

3
이산화탄소를 활용한 초임계 추출법

이산화탄소는 보통 기체 상태로 존재하지만, 고압의 상태와 초임계 온도인 약 31℃를 넘어서면 액체 또는 초임계 유체 상태로 성상이 변화한다. 이 특징을 활용해 생두 안에 들어있는 카페인을 녹여내는 방식이다. 이산화탄소는 인체에 무해하고 비연소성이기 때문에 부작용 없이 카페인을 제거할 수 있으나, 별도의 설비와 특수한 고압처리 기술이 필요하다는 것이 단점이다.

커피를 구성하는 주요한 성분 중 가장 많은 이의 관심을 받는 '카페인'을 제거하는 다양한 공법 덕분에 더 다양한 사람들이 커피를 즐길 수 있게 됐다. 기술이 지금처럼 발달하기 전까지는 카페인 제거에 사용되는 유기용매의 부정적인 향미가 커피에 영향을 끼치거나, 카페인과 함께 향미성분이 모두 제거되어 음용인구가 매우 적었다. 하지만 인체에 무해하면서도 안전한 공법이 개발된 덕에 카페인만 선별적으로 제거되고 커피 향미는 보존되자 디카페인 커피에 대한 대중의 편견이 깨지게 됐다.

Chapter 4

커피생두의 이해

① 생두의 물리적 요건

다양한 가공법을 거쳐 탄생한 생두는 저마다의 고유한 특성을 보인다. 우리는 이 특성을 빠르게 인지해 장점과 단점은 무엇인지, 어떻게 로스팅할 것인지에 결정할 수 있는 객관적인 증거를 찾아야 한다. 로스팅을 가장 잘 하는 방법은 자신이 다루는 생두의 특성을 재빨리 파악하는 것이다. 그리고 그 특성에 맞춰 로스팅한다면 어떤 생두든 빠르게 최적의 로스팅 프로파일을 구축할 수 있다.

생두는 재배된 고도와 떼루아에 따라 저마다의 특성을 보이고, 품종에 따라 각기 다른 크기와 특성을 지닌다.

1
수분

식물의 '씨앗으로서의 생명력'을 뜻하는 수분은 로스팅 과정에서 열을 전달하는 역할을 담당하기 때문에 매우 중요한 요소다. ISO가 규정한 생두의 적정 수분율은 10~12%다. 하지만 최근 수년간 생두의 수분율이 9%대에 머무는 사례가 매우 빈번해서 9~12%의 수분 함유량이 표준으로 인지되고 있다.

2
밀도

생두의 밀도는 환경 조건, 유전적 특성, 재배 조건과 직결된다. 밀도가 높다는 건 수용성 및 불용성 고형분의 함량이 높다는 의미다. 이는 식물의 생장 사이클과 연관되어 있다. 높은 일교차에 의해 천천히 성장한 식물에서 높은 밀도의 생두가 만들어지고, 이러한 생두는 발현될 수 있는 고형분의 양이 많아 다양한 특성을 가질 확률이 높다. 밀도가 재배고도와 직결된다는 의견이 지배적이긴 하지만 많은 변수가 존재하기 때문에 하나의 조건만으로 밀도가 높다고 단정 짓지 말고 정확한 수치를 확인하는 것이 좋다.

밀도의 판단 기준

	낮음	중간	높음	매우 높음
아라비카 (g/L)	~650	651~700	701~750	751~
로부스타 (g/L)	~670	671~720	721~770	771~

* 밀도 측정 장비가 없는 경우 1L 용기에 얼마큼의 생두가 담기는지를 측정하면 된다.
* 식물학적으로 로부스타가 아라비카보다 더 무겁다.

3
크기

생두의 크기는 품종 및 재배 환경에 따라 다르다. 크기가 큰 콩을 높은 등급으로 분류하는 나라가 있긴 하지만, 크기가 크다고 해서 좋은 향미를 보이는 것은 아니다.

4
가공법

가공은 커피의 향미를 결정짓는 매우 중대한 요소이므로 이 과정에서의 생두 변화를 면밀히 관찰하고 계측해야 한다. 모든 로스터가 밀도계와 수분 측정 장치를 구비한 것은 아니니 반드시 물리적인 방법을 통해 상태를 확인해야 한다.

내추럴 가공을 거친 생두는 과육의 영향을 크게 받아 노란빛을 띤다. 과육의 빛깔이 밴 것이다. 특히 건조가 빠르게 진행된 경우 더욱 짙은 노란색을 띠게 되는데, 생두와 과육 사이에 간격이 거의 없는 상태일 때 그렇다.

내추럴 생두는 워시드 생두에 비해 수분율이 낮다고 알려져 있지만 꼭 그렇지는 않다. 모든 생두는 약 9~12%의 수분율을 지니는데 최근에는 건조 방법과 건조장의 기후에 따라 9~10%의 수분율을 보이는 내추럴 커피가 많다. 아프리카에서 생산된 내추럴 생두는 9~10%로 가공되지만 중남미의 내추럴 생두는 10~12%의 수분율을 보이기도 한다. 기후상의 결격 사유로 인해 과발효가 발생한 결과일 수 있으므로 주의해야 한다.

내추럴 가공 생두   워시드 가공 생두

    워시드 가공 생두는 내추럴에 비해 옥색을 띤다. 이는 과육과 점액질의 영향을 거의 받지 않았음을 뜻하는데, 간혹 드라이 퍼먼테이션을 거친 생두가 살짝 노란빛을 띠는 사례가 발견된다. 이는 펄프드 내추럴(허니)과 유사하게 커피가 과육이 남아있는 상태로 건조되어 과육의 영향을 살짝 받은 결과로 생각해야 한다. 이 경우 색상이 과육의 빛깔을 보인다. 워시드 가공 생두의 수분율은 대체로 10~12% 정도이지만 과육의 영향이 남아있는 워시드는 조금 더 낮은 수치를 보이기도 한다. 또한 가공 과정에서 과육이나 점액질의 영향을 많이 받은 경우 실버스킨와 생두의 밀착력이 높으므로 유의해야 한다.*

    센터컷의 색상과 상태도 각기 다르다. 워시드 생두는 실버스킨 색상이 비교적 밝고 생두 내부에 공간이 남아있어 실버스킨이 잘 벗겨진다. 반면 내추럴 커피의 실버스킨은 점액질에 의해 생두에 밀착되어 노란빛을 띠며 잘 떼어지지 않는다.

    펄프드 내추럴(허니)은 남아있는 과육의 양에 따라 조금씩 다르긴 하지만 대체로 점액질의 영향이 큰 내추럴 생두와 유사한 특징을 보인다.

* 전통적인 가공 과정에서는 폴리싱을 통해 생두의 실버스킨을 가능한 모두 제거하여 출고했으나 최근에는 폴리싱을 진행하지 않는 경우가 더 많다. 물리적인 힘으로 실버스킨을 제거할 때 발생하는 배아나 생두의 손상을 방지하는 게 더욱 중요하기 때문이다.

5
배아

다음 나무를 만들기 위한 씨앗인 생두는 배아와 배젖의 구조로 이루어져 있다. 배젖의 영양분으로 발아하는 배아는 자체적인 효소 성분을 지니고 있어 배아가 발현되면 효소가 작용한다. 이로 인해 배아와 배젖의 경계에 있는 세포벽이 녹고 배젖의 영양분을 바탕으로 배아가 활성화* 된다.

내추럴 가공 과정에서 배아는 체리의 과육에 둘러싸인 상태로 활성화되므로 그 속도가 느리지만, 보다 왕성한 생리활성이 이뤄져 풍부한 단맛과 묵직한 바디감이 완성된다. 워시드는 과육이 제거된 상태로 공기 중에 노출된 배아가 빠르게 생리활성을 진행하기 때문에 충분한 당분이 생성될 시간이 다소 부족하다. 이러한 가공 과정 중에도 배아는 살아있는 상태로 지속적인 생리활성 작용을 진행해야 하는데, 수분 및 온도 등의 이유로 죽거나 물리적인 충격으로 떨어져 나가기도 한다.

배아는 육안으로 쉽게 확인할 수 있다. 생두의 양쪽 끝을 자세히 관찰하면 보이는 흰색 혹은 미색을 띤 길쭉한 것이 배아다. 배아가 흰색이나 미색을 띤다면 살아있는 상태이지만, 짙은 갈색이나 검은색 혹은 붉은색을 띤다면 죽은 것이다. 배아가 죽은 커피는 우디Woody하거나 얼시Earthy한 향미를 지니게 되므로

배아가 살아있는 건강한 생두   배아가 죽어버린 생두

* 배아의 가장 중요한 생리활성 작용은 전분을 당분으로 분해하는 활동이다. 이는 생두 내부의 전분이 단맛으로 변환되는 매우 중요한 과정이다.
** 생두 보관 창고의 온도와 습도를 조절하는 이유다. 항온·항습 시 온도는 약 20℃ 수준, 습도는 40~50%를 유지해야 한다.

생산과 가공뿐 아니라 보관·운송 시에도 생두가 너무 높은 온도에 노출되지 않도록 하고, 수분함량도 약 10% 수준으로 유지하는 것이 좋다.**

반대로 배아가 지나치게 활성화돼 발아에 이르면 배젖의 당분이 소모되어 향미 손실이 발생할 수 있다. 이 과정에서 짠맛이나 텁텁한 뉘앙스가 발현되므로 주의해야 한다.*

생두 구매 시 콩을 직접 보고 만져볼 수 있다면 가장 먼저 확인해야 하는 부분이 수분율과 배아다. 만일 배아가 죽은 것이 대다수라면 해당 생두는 구매하지 않는 것이 좋다. 배아의 사멸은 부정적인 향미를 발생시킴과 동시에 수명이 짧아 오랜 기간 사용하기에 부적합하기 때문이다.

6
등급

커피의 등급은 현재 스페셜티 커피 시장에서는 거의 적용되지 않으나, 커머셜 커피 시장을 이해하는 데에는 중요한 판단요소가 된다. 특히 수출과 관련된 각 커피의 제품규격을 확인하기 위해서는 전통적인 분류법과 관련된 사항 그리고 용어를 학습해야 한다. 생두의 등급은 각 생산국의 환경과 품종 그리고 가공법에 따라 나뉘며, 국제적으로 통용되는 몇 가지 분류법을 소개해 본다.

---

* 혹자는 발아된 커피가 건강에 긍정적 효과를 준다고 이야기한다. 그러나 우리는 보통 건강을 위해서보다는 좋은 맛과 향을 즐기기 위해 커피를 마시므로 목적성이 다르다고 볼 수 있다.

크기에 따른 생두 분류

1/64인치	mm	분류	중앙아메리카 & 멕시코	콜롬비아	아프리카 & 인도
20	8	Very Large	Superior (Primeras)	Supremo	AA
19.5	7.75	Very Large	Superior (Primeras)	Supremo	AA
19	7.5	Very Large	Superior (Primeras)	Supremo	AA
18.5	7.25	Large	Superior (Primeras)	Excelso	AA
18	7	Large	Superior (Primeras)	Excelso	AA
17	6.75	Large	Superior (Primeras)	Excelso	AA
16	6.5	Medium	Segundas	Excelso	B
15	6	Medium	Segundas	Excelso	B
14	5.5	Small	Terceras	Excelso	C
13	5.25	Shells	Caracol		PB
12	5	Shells	Caracol		PB
11	4.5	Shells	Caracolli		PB
10	4	Shells	Caracolli		PB
9	3.5	Shells	Caracolillo		PB
8	3	Shells	Caracolillo		PB

크기(스크린 사이즈)

생두의 크기가 큰 것을 더 높은 등급으로 분류하는 등급체계다. 콜롬비아, 케냐, 탄자니아 등이 이 분류법을 사용한다. 스크린 사이즈는 1/64인치, 0.4mm당 1을 기준으로 삼아 숫자로 크기를 구분한다.

콜롬비아는 스크린 사이즈가 17(68mm) 이상인 커피를 '수프리모Supremo'로 분류하고, 이보다 작으면서 수출이 가능한 모든 커피를 '엑셀소Excelso'라고 부른다. 케냐는 스크린 사이즈 17~18(68~72mm)인 커피를 'AA', 16~17(64~68mm)를 'AB'로 분류한다. 하지만 이는 수출을 위한 분류일 뿐 품질을 대변하는 것은 아니다. 최근 케냐의 등급체계 중 AA 뒤에 'TOP', 'FAQ' 등 다양한 수식어가 붙기 시작했는데 이는 크기가 큰 생두를 품질에 따라 세부적으로 분류한 것이다. TOP는 스페셜티, PLUS는 프리미엄, FAQ는 하이커머셜 등을 가리킨다.

결점두의 숫자

결점두는 부정적인 향미를 발현시키는 생두를 뜻하는데 발생 원인은 다양하다. 브라질, 에티오피아, 인도네시아 등과 같은 생산국들은 결점두의 숫자로 커피 등급을 결정하며 숫자가 작을수록 높은 등급이다. '에티오피아 예가체프 G1'으로 예를 들면 G는 등급Grade을, 1은 가장 높은 등급을 지칭한다. 결점두의 개수에 따라 G1~G6까지 분류가 정해져 있으며, SCA의 분류표에 나와 있는 프라이머리 디펙트Primary Defect와 세컨더리 디펙트Secondary Defect의 숫자에 따라 최종 등급이 결정된다. 에티오피아, 인도네시아 등은 G1, G2로, 브라질은 NO2로 등급을 표기한다.

상식적으로 결점두 양이 적을수록, 즉 등급이 높을수록 우수한 등급으로 분류된다고 여겨지지만 등급이 높다고 반드시 향미가 뛰어난 것은 아니다. 인간이 수작업으로 결점두를 골라낸다면 2등급 커피도 얼마든지 1등급이 될 수 있다.

재배고도

재배고도는 커피의 특성을 가늠하는 매우 중요한 척도다. 주로 중미의 생산국들이 고도에 따라 등급을 부여한다. 해발고도가 높으면 기온이 낮고 일조량이 적은 열악한 생장 환경이 조성돼 나무가 천천히 자라고 결실이 다소 느리며 성숙 또한 늦다. 생장이 천천히 이뤄지는 동안 나무는 더욱 많은 영양분을 체리에 응축시킨다. 높은 곳에서 자란 커피의 향미가 더욱 뛰어나다고 판단하는 이유다.

코스타리카, 과테말라 등의 국가는 'SHB Strictly Hard Bean', 온두라스나 멕시코 등의 국가는 'SHG Strictly High Grown'라는 용어를 사용한다. 단어만 다를 뿐 '아주 높은 곳에서 생산된 커피'라는 뜻은 같다. 높은 곳에서 자란 커피는 몹시 단단하다는 결론이다.

재배고도가 높아서 생장 속도가 느리면 수익을 빨리 올릴 수 없으니 이는 농부에겐 그다지 좋은 조건이 아닐지 모른다. 그러나 향미적인 기준으로 판단했을 땐 굉장히 중요한 사항이므로 우리는 커피의 생산 고도를 관심 있게 지켜보아야 할 것이다.

스페셜티 커피와 커머셜 커피

그동안 스페셜티 커피란 SCA의 커핑 점수가 80점 이상인 커피를 지칭한다고 알려져 왔다. 하지만 2022년 현재, 80점은 더 이상 특별하지 않은 점수가 됐다. 농부들 역시 특별한 커피의 기준을 85점으로 잡는 사례가 늘어나고 있다. 커피의 상향평준화가 이뤄진 만큼 개념을 재정립할 때인 것이다.

기존 SCA에서 고안한 평가방법에 따르면 부정적이지도 긍정적이지도 않은 향미를 지닌 커피는 7.25점을 기준으로 모든 평가항목에 점수를 부여한다. 이대로라면 모든 항목에 7.25점을 받고 유니포미티Uniformity, 스위트니스

Sweetness, 클린컵Clean cup에 별다른 문제가 없는 커피는 80점에 무난하게 도달할 수 있다. 즉, 결점이나 부정적인 향미가 없다면 모두 스페셜티 커피가 되는 시스템이다. 하지만 이제 스페셜티 커피라는 단어에 거는 기대가 '특별함 이상의 특별함'이 됐으므로 눈에 띄는 특별한 향 혹은 맛을 지닌 커피만을 스페셜티 커피라고 분류해야 한다.

현재 커피 시장에서 80%의 비중을 차지하는 커머셜 커피 시장은 결점두가 350g당 몇 개 이하로 들어있는지를 따지는 정도의 등급체계를 가지고 있다. 몇몇 기업의 커피 QC 담당자를 제외하고는 이 영역에 관심을 보이는 사람도 거의 없다. 가치소비 시대로 접어들며 커머셜 커피에 대한 기대가 점차 적어지고 있기 때문이다. 그러나 최근 여러 가지 요인으로 커피 가격이 가파르게 상승하자 커피인들의 시선은 커머셜 시장으로 향하고 있다. 블렌딩을 위한 저렴한 커피가 사라지는 시점에서 가성비 좋은 커피를 확보하기 위한 경쟁이 시작된 것이다. 앞으로는 결점이 없고 단맛이 좋은 커피에 대한 수요가 커머셜 커피의 또 다른 기준을 만들어낼 것이다.

7
생두의 안정화

생두가 향미를 안정적으로 발현시키기 위해서는 몇 차례의 안정화가 필요하다. 배아를 지닌 살아있는 식물인 만큼 주변 환경과 다양한 조건에 매우 예민하기 때문이다. 여기서 안정화란 두세 가지 의미로 이해할 수 있는데, 공통의 목적은 생두의 컨디션을 최상으로 유지하는 것이다. 안정화는 가공과 운송 및 보관까지 모든 과정에서 필요하다.

안정화에 대해 좀 더 자세히 설명하면, 생두가 주변 환경에 적응하고 내부의 수분이 고르게 퍼지는 데 걸리는 시간을 지칭한다. 생두의 안정화는 통상적으로 가공 과정의 가장 마지막 단계인 건조 이후 이뤄지는데, 15~30일간 건조한 파치먼트는 건조 속도와 환경에 따라 30~60일간의 안정화가 필요하다. 특히 높은 온도로 빠르게 건조된 파치먼트일수록 더욱 안정화 기간이 필요하다.

많은 농장이 커피를 빠르게 건조하길 원하지만 이를 위한 충분한 가공시설을 갖추고 있지 않다. 그러니 적절한 온도로 약 2주간의 건조 기간을 가지는 것이 좋으며, 이 경우에도 안정화 기간을 거쳐야 커피가 더 나은 향미를 보인다.

건조 후 바로 선적해야 하는 커피는 생두 내부 수분율과 수분 활성도가 불안정한 상태에서 운송되어 품질이 하락할 가능성이 있다. 이 경우 샘플일 때와 구매자가 받아봤을 때의 품질이 크게 달라져 생산자와 수출자, 수입자와 구매자 간의 분쟁이 발생하기도 한다.

안정화는 생두가 구매자에게 도착한 후에도 필요하다. 소비국에 도달하기까지 급격한 환경 변화를 겪은 생두의 수분 활성도가 안정화되어야 하기 때문이다. 이는 온도와 습도 등 다양한 변수와 연관되어 있으므로 표준화가 어려운데, 통상적으로 구매자의 창고에 입고된 후 최소 한 달가량의 시간이 필요하다. 생산국의 재배 및 가공 환경에 따라 더 긴 시간이 필요한 경우도 있으므로 충분한 시간 동안 안정화를 가지는 것이 좋다.

하지만 안정화를 이유로 생산국에서 생두를 오랫동안 보관하는 것보다는 최소한의 안정기를 거친 뒤 구매자에게 곧장 전달하는 것이 좋다. 생두역시 신선도가 매우 중요한 곡물이라서 시간이 흐를수록 품질이 저하되기 때문이다.

2
생두의 특징에 따른 로스팅

1
수분

생두가 가진 수분은 '자유수'와 '결합수'로 구분할 수 있다. '유리수'로 불리기도 하는 자유수는 수소와 산소의 결합이 쉽게 분리되는 종류를 가리킨다. 결합수는 단백질이나 탄수화물에 함께 결합되어 있는 형태의 수분으로 쉽게 분리되지 않는다. 이처럼 생두 안에는 두 종류의 수분이 존재하는데 우리는 로스팅을 통해 생두 내부의 수분을 0에 가까운 수준으로 낮춰야 한다. 자유수는 열을 가하면 쉽게 기화되어 금방 증발하지만 결합수는 생두 내부 깊은 곳에 남아있다. 수분은 콩 내부에 열을 전달하는 역할을 하므로 로스팅 시에는 결합수를 잘 활용해야 한다.

수분 함유량이 높은 생두는 잔존하는 수분이 많아 생두에 열을 전달하기가 유리하지만 기화에 소요되는 시간이 다소 긴 편이다. 이때 수분을 증발시키기 위해 화력을 강하게 투입하면 생두 내부 조직이 망가져 향미 발현을 저해할 수 있다. 따라서 지나치게 강한 화력으로 수분을 급격히 날리기보다 적절한 열량 공급으로 수분이 균일하게 증발하도록 해야 한다. 반대로 열량이 지나치게 낮으면 화학반응이 충분히 일어나기 어려워 향미가 잘 발현되지 않을 수 있다. 수분함량이 낮은 생두는 기화에 소요되는 시간은 짧지만 열 전달에는 불리하므로 지나치게 강한 화력으로 로스팅하면 콩이 쉽게 타버릴 수 있다.

결론적으로 수분이 많은 생두는 열량을 균일하게 분배해 수분이 원활히 증발하게 하고, 콩 내부까지 열이 안정적이고 균등하게 전해지도록 다소 느린 속도로 로스팅하는 것이 유리하다. 수분이 적은 생두는 콩 내부에 열을 전하는 수분의 역할이 제한적이고 기화되어야 할 수분이 적으므로 비교적 빠르게 로스팅하는 것이 좋다.

2
밀도

생두의 밀도는 로스팅에 있어 가장 중요한 변수다. 이는 생두 내부에 함유된 수용성·비용성 고형분의 양을 통칭하므로 밀도가 높을수록 좋은 향미가 발현될 가능성이 크다. 생두가 단단하면 단단할수록 로스팅에 필요한 열량이 높아지므로 높은 온도에서 투입하거나 많은 열을 가해야 한다. 또한 밀도가 높은 생두는 급격한 열량 변화에도 견딜 수 있으므로 로스터가 원하는 대부분의 프로파일을 적용할 수 있다. 단, 밀도가 상당히 높은 생두는 열량이 충분히 공급되지 않으면 언더 디벨롭Under develop으로 이어질 가능성이 높으므로 생두의 상태에 걸맞은 적절한 열량을 공급하는 것이 좋다.

그러므로 p.170에서 제시한 기준에 따라 생두의 밀도를 파악한 뒤 로스팅의 열량 공급을 디자인해야 한다. 밀도가 낮은 커피는 생두 내부까지 열이 잘 들어가니 높은 열량을 한 번에 공급하는 것보다 낮은 열량을 천천히 공급하는 쪽이 좋고, 밀도가 높은 생두는 내부까지 열을 전달하기 어려우므로 투입 온도를 높이는 등의 방식으로 내부에 충분히 열을 공급해 주어야 한다.

3
크기

육안으로 관찰하기 쉬운 생두의 크기 또한 로스팅 시 반드시 반영해야 하는 변수다. 생두는 크기가 클수록 더욱 많은 열을 필요로 하는데, 이때 콩의 밀도를 함께 고려해야만 한다. 크기가 작은 경우도 마찬가지다. 예를 들어 에티오피아 생두는 크기가 매우 작은 대신 조직의 조밀도가 매우 높다. 그래서 상대적으로 적은 열량을 공급하되 생두의 내부부터 외부로 열을 균일하게 넣어주어야 한다. 로스터들이 크기가 지나치게 큰 마라고지페나 파카마라, 크기가 상당히 작은 에티오피아 계통이나 모카 같은 생두의 로스팅을 어려워하는 이유다. 결론적으로 생두 크기에 대한 정보는 '생두가 받아야 하는 열량의 총합을 결정짓는 척도' 정도로 이해해야 한다.

4
가공법

가공법은 생두의 색상뿐만 아니라 세포 간의 조밀도에도 영향을 끼친다. 내추럴 가공된 생두는 점액질이 말라가면서 세포 조직 간의 간격이 좁아지고 내부까지 열 전달이 어려워진다. 생두 외부에는 실버스킨이 밀착되어 있어 열량을 과도하게 공급하면 실버스킨이 타면서 부정적 향미가 만들어질 수 있다. 생두의 팽창지점을 중심으로 열량을 달리 가져가되, 실버스킨을 날려 보낼 수 있는 공기의 흐름을 만들고 열량을 균일하게 여러 차례 나눠 공급하는 것이 좋다.

반대로 워시드 생두는 세포의 간격과 외부 변수가 균일한 편이라 열량 공급과 공기 흐름의 조절이 다소 유리하다. 로스터는 생두의 물리적인 상태를 확인하고 열량과 공기의 흐름을 적절히 판단하면 된다.

허니 프로세스의 경우 과육의 일부인 점액질이 생두에 영향을 미치므로 워시드보다는 내추럴에 가깝게 프로파일을 디자인할 것을 추천한다. 남아있는 과육 양을 확인한 뒤 이에 맞는 열량을 공급하는 것이 좋다.

무산소발효나 카보닉 메서레이션을 거친 생두를 로스팅할 땐 과발현을 주의해야 한다. 무산소발효 중 생성된 이산화탄소는 원활하게 배출되지 않아 생두 표면은 가공 과정 중 가스로 인해 스트레스를 받는다. 그 탓에 로스팅 중 가해지는 열량을 빠르게, 많이 흡수해서 로스터가 의도한 것보다 더 어둡게 로스팅되거나 원하는 향미 이상의 것들이 쏟아져 나올 수 있다.

카보닉 메서레이션은 생두가 받는 데미지가 무산소발효보다 더욱 크다. 발효조에 충진된 이산화탄소가 생두를 완전히 둘러싸 발효 과정에서 발생된 이산화탄소의 분출을 더욱 억제한다. 그래서 발효의 속도가 느려지며 생두가 받는 스트레스는 더욱 심해진다. 발효 시간 역시 무산소발효가 약 48시간이라면 카보닉 메서레이션은 72시간으로 길다. 즉, 무산소발효 생두보다 더욱 쉽게 생두 내부까지 열이 전달되므로 과발현을 주의해야 한다.

Chapter 5

커피무역

① 생산지에서의 보관

산지에서 생산된 커피는 대부분 소비국으로 이동한다. 세계 최대의 커피 소비국인 유럽과 미국에서 소비되는 커피양은 상당하다. 그러나 스페셜티 커피에서만큼은 아시아가 가장 매력적인 시장으로 주목받고 있다.

생산이 완료된 커피는 수출 관련 거래가 이뤄지기 전까지는 파치먼트 상태로 보관된다. 수출 계약이 맺어짐과 동시에 탈곡을 진행하며 수입자의 주문에 따라 포장 및 운반이 이루어진다.

커피는 1년 단위로 생산되는 농산물이기 때문에 보관 기간이 길어질수록 노화하고, 향과 맛이 떨어져 부정적인 향미가 발현되거나 향미가 단조로워진다. 수분과 높은 온도가 그 원인이며, 온도가 높으면 커피의 지질이 산화하면서 우디한 향미로 연결되기도 한다.

따라서 커피는 생산 및 휴지를 마친 다음 곧바로 선적하는 것이 좋다. 생두의 휴지기는 생장 및 가공 과정 중 유동적으로 변했던 수분함량과 향미가 안정화되길 기다리는 시간으로, 통상적으로 3~4주 정도 거치는 것이 좋다. 이때 모든 생두는 파치먼트 상태로 보관된다. 껍질이 생두의 수분 증발을 막고 배아의 사멸을 늦추는 방어막 역할을 하기 때문이다. 실제로 한 실험 결과 파치먼트 상태로 보관한 커피는 1년 이상 생존했지만, 생두 상태로 보관한 경우는 6개월 이후 생존 능력이 떨어지고 부정적인 향미가 발현됐다.

② 포장

생두의 포장은 쥬트백Jute bag을 사용하는 것이 일반적이다. 하지만 스페셜티 커피가 등장하면서는 특수한 비닐 재질의 봉투를 쥬트백에 덧씌운 뒤 생두를 담는 것이 일반화되었다. 이때 비닐은 '그레인프로GrainPro' 혹은 '에코택트Ecotact' 회사의 제품을 사용하는데 이는 안에 담긴 농산물의 수분을 효과적으로 보존하여 신선도를 유지해주는 기능성 봉투다. 포장 용량은 생산

국마다 각기 다르다. 일반적으로 쓰이는 단위는 '퀸탈(QQ)'로 1퀸탈을 킬로그램으로 환산하면 약 46kg, 파운드로 환산하면 약 100lb이다. 모든 생두의 거래가는 파운드로 매겨지고 계약서 역시 이를 기준으로 작성된다.

다만 대다수의 소비국에서는 퀸탈이나 파운드보다 킬로그램 단위를 더 많이 사용하므로 무게의 환산과 가격 확인이 다소 번거롭다. 계산하는 중 킬로그램과 파운드를 혼동하면 계약상의 치명적인 오류가 발생할 수 있으므로 꼼꼼히 확인하는 것이 좋다.

계약이 완료된 생두는 각 나라의 규격에 맞게 60kg 혹은 69kg으로 포장된다. 최근에는 이보다 더 작은 규격을 선호하는 추세라 20kg, 25kg, 30kg, 35kg 등 다양한 크기로 소비자의 수요에 맞춰 포장된다.

생두의 신선도를 가장 효과적으로 유지할 수 있는 진공포장 역시 많이 사용된다. 진공포장된 생두를 박스로 포장해 블록형으로 수출하는 사례가 늘고 있다. 고가의 생두를 좀 더 안전하게 운반할 수 있는 좋은 방법이기 때문이다. 이를 제외한 대부분의 생두는 쥬트백과 그레인프로를 이용해 포장된다.

3
계약의 체결

생두 계약은 생산자가 제시하는 가격을 기준으로 생성되며 가격과 생산량을 총체적으로 고려해서 진행된다. 구매자는 생산자가 제공한 샘플을 커핑한 다음 계약 여부를 결정하기 때문에 원하는 스펙의 생두를 발견하면 생산자에게 계약을 제안할 수 있다. 이때 정해지는 가격은 대체로 뉴욕 C마켓의 커피 지수를 기준으로 한다. 커머셜 커피의 경우 이 잣대를 충실히 따르는 편이고, 스페셜티 커피는 이와는 별개로 가격이 책정된다. 통상적으로 생산자들은 C마켓의 가격을 유동적으로 고려해 가격을 정하기 때문에 커피 지수의 등락 추이를 잘 확인하다가 최저점에 계약을 진행하는 게 좋다. 생두 계약서에는 아래와 같은 정보들이 기재된다.

생산자의 정보, 구매자의 정보

문서로 남는 내용인 만큼 정확한 정보가 기재되어 있는지 확인한다.

구매할 생두의 이름

구매할 생두의 이름이 정확히 기재되어 있는지 확인하고, 쥬트백에 인쇄될 생두의 이름을 확정한다. 만약 구매자의 로고를 넣길 원한다면 정확한 정보를 넘겨주어야만 한다.

구매 가격 및 양

생두의 구매량과 가격을 따져서 총지출을 정확히 계산해야 하며 혹시 무게 단위가 잘못되지 않았는지 등을 꼼꼼히 살핀다. 무역에 사용할 컨테이너 크기에 적합한 양인지를 따지는 것도 중요하다. 예를 들어 총 20톤까지 선적 가능한 컨테이너에 10톤만 선적하는 것은 너무나 비효율적인 선택이다. 여러 가지 조건과 라인업을 잘 고려해야 한다.

거래조건

통상적으로 커피 무역에 가장 많이 사용되는 무역의 조건은 FOB Free on Board와 CIF Cost Insurance and Freight이다. 먼저 FOB는 판매자가 가공 및 포장을 완료한 생두를 구매자가 지정한 선적항의 본선에 적재하는 것까지를 책임지는 조건이다. 즉, 해상운임과 국내 운송비를 제외하고 현지에서 소요되는 모든 비용을 판매자가 부담한다. 두 번째로 CIF는 판매자가 선적 후 도착항까지의 운임 및 보험료를 부담하는 조건이다. 두 가지 중에서도 FOB가 더 많이 사용되는 조건이다. 계약서에는 커피의 가격과 무게뿐만 아니라 무역과 관련된 조건까지 기재되므로 위 사항을 잘 숙지해두어야 한다.

만일 FOB 조건으로 커피를 수입한다면 선적 이후부터 국내 입고까지 모든 업무를 대행해주는 대행사를 이용하는 것이 수월하다.

대금 지불

대금을 지불할 땐 한 번에 많은 금액이 송금되어야 하므로 각 업체가 가능한 조건을 선택하고 이를 계약서에 명기해야만 판매자와의 분쟁이 발생하지 않는다. 보통 계약을 체결한 뒤 혹은 선적확인증 Bill of Landing(BL)까지 받은 뒤 50%의 금액을 먼저 송금하고, 국내에 도착한 물건을 인수하는 시점 혹은 QC 후에 잔금을 결제하는 방식으로 이뤄진다. 유명한 농장이나 업체의 경우 계약 단계에서 50%, BL과 함께 나머지 50%를 결제할 것을 요구하기도 한다. 모든 것은 구매자가 판매자와 협의하여 결정하면 되고 그 내용 또한 계약서에 명기하는 것이 좋다.

참고로 현금을 송금하는 경우에는 '전신환 송금(T/T)', 신용장거래를 한다면 'L/C'라고 적어두어야 혹시 모를 분쟁을 방지할 수 있다. 또한 대금은 미국 달러로 지불해야 하므로 환율과 송금 등 외환 업무에 능숙한 담당자를 통하는 것을 추천한다.

무역 관련 서류

생두를 직접 수입하려고 할 때 꼭 필요한 몇 가지 서류가 있다. 이들 서류는 수출사로부터 원본을 받아 통관에 첨부해야 한다.

○ **B/L (Bill of Landing)**

B/L은 화물이 선박에 선적되었다는 사실과 세부 항목, 양을 모두 확인할 수 있는 서류다. 이 서류의 발행과 동시에 계약금을 지급해야 하는 사례도 존재하므로 커피의 무역에서 가장 중요한 문서라 볼 수 있다. 화물을 인수할 때도 꼭 준비해가야 하는 서류이니 잘 챙겨야 한다.

○ **커머셜 인보이스 (Commercial Invoice)**

인보이스는 커피의 항목과 각각의 금액 및 총액이 표기된 일종의 청구서다. 판매자의 은행 계좌를 포함해야 하며 수입사는 이를 바탕으로 결제를 완료해야 한다.

○ **원산지 증명서 (Origin Certification)**

계약을 체결한 생산지가 우리나라 간의 자유무역협정 Free Trade Agreement 이 발효된 국가라면 관세가 면제된다. 원산지 증명서는 이때 필요한 서류다.

○ **패킹 리스트 (Packing List)**

컨테이너에 담긴 커피의 품목과 수량이 기재된 서류다. 포장 방법 그리고 단위 등 물품에 관한 수출자 수입자 정보 등이 표기되어 있다. 이 역시 수입 통관 및 물건 수령시 필수로 첨부되어야 하는 문서다.

○ **식물검역증**

수출국 정부 부처의 직인이 첨부된 검역서류가 첨부되어야 한다. 국내 검역에 필요한 서류인 만큼 반드시 원본을 수령해야 한다.

검역

국내에 수입된 생두는 모두 검역대상이다. 생두는 식물인 동시에 식품이므로 식물검역과 식품검역을 모두 받아야 한다. 이때 생산국에서 실시한 검역서류가 첨부되어야 하며, 이 서류가 없으면 통관이 되지 않으므로 주의해야 한다.

○ **식물검역**

수입된 생두는 농림수산검역본부에 정해진 검역절차를 거쳐야 한다.

○ **식품검역**

식품검사 유형에는 정밀, 서류, 무작위 등이 있다. 처음으로 수입되는 업체의 생두는 모두 정밀 검역대상이며, 기수입된 이력이 있다면 정밀검역은 면제되지만 무작위 검사의 대상으로 선정되면 다시 정밀 검역대상으로 분류되기도 한다. 기수입 생두는 약 3~4일, 정밀검역 생두는 약 7~10일의 검역기간이 소요된다.

○ **해외제조업소 등록**

우리나라에 처음 수입되는 커피를 들여오는 경우 해당 커피가 가공된 시설을 우리나라 식품의약품안전처에 등록해야 한다. 원칙적으로는 수출국의 회사에서 해야 할 일이지만 수입자가 대신하는 사례도 빈번하다. 등록 시에는 기등록된 시설인지를 먼저 확인해 기등록된 시설이라면 기존에 등록된 자료를 선택하면 된다.

에필로그

한 권의 책에 커피의 모든 스펙트럼을 담기란 정말 어려운 작업임을 새삼 깨닫습니다. 더욱 열심히 공부하며, 늘 겸손한 자세로 커피를 대하는 커피인이 되어야겠다고 생각했습니다. 부족한 점이 있지만 많은 분의 커피 공부에 도움이 되기를 바랍니다.

이 책을 완성하기까지 항상 동기부여 해주고 격려를 아끼지 않은 이니님에게 가장 먼저 고마움을 전합니다. 따뜻한 가족들에게도 감사한 마음입니다.

응원하고 함께해준 업계의 선배, 동료, 후배들에게도 진심을 담아 고마운 마음을 전합니다.

커피명가 안명규 대표님, 커피몽타주 신재웅 대표님, 커피플레이스 정동욱 대표님, 어라운드커피 탁영준 대표님, 콤파스커피 김재천 대표님, 후성 HDS 연웅주 이사님, MC 컴퍼니 최희정 대표님, 블랙로드커피 이치훈 대표님, 흐무뭇 박우현 팀장님, 커피지상주의 지상준 대표님, 수평적관계 김태환 대표님, 가비스쿨 이순림 원장님, 커피제이빈 정재윤 대표님, 원더룸커피 백성운 대표님, 오버나잇 커피 로스터스 허영환 대표 등, 그리고 백석예술대학교 서지연 교수님, 정창희 교수님, 호서직업전문학교 김은경 교수님 고맙습니다. 좋은 기회로 책을 발간할 수 있도록 지원해 주신 아이비라인 홍성대 대표님께도 감사한 마음을 전합니다.

마지막으로 페루와 볼리비아의 친구들에게도 고마운 마음을 전합니다
También me gustaría agradecer a mis amigos en Perú y Bolivia.

한잔의 커피가 우리의 삶에 작은 행복으로 전해지기를.

참고문헌

도서

- 이삼빈 외 2명, 발효 식품학, 효일(2018)
- 정동효, 발효와 미생물공학, 선진문화사(1990)
- Albert Klöcker, Fermentation Organisms: A Laboratory Handbook, Nabu Press(2010)
- 유대준, 커피 인사이드, 해밀(2009)
- 한국커피산업진흥연구원, 커피 스터디, 아이비라인(2010)
- 제임스 호프만, 커피 아틀라스, 김민준 외 1명, 아이비라인(2015)
- 마누엘 디아즈 외 1명, Coffee Quality Part 1, 커피플랜트아카데미학원(2014)
- 마누엘 디아즈 외 1명, Coffee Quality Part 2, 커피플랜트아카데미학원(2018)
- 랜디 모셔, 맥주의 정석, 정지호, 소소북스(2020)
- 정철 외 4명, 맥주개론, 광문각(2016)
- World Coffee Research, Arabica Coffee Variety
- 라이언 브라운, 커피바이어, 커피리브레(2018)

논문

- Silva CF, Batista LR, Abreu LM, Dias AE (2000), Microbial diversity during maturation and natural processing of coffee cherries of coffea arabica in Brazil, International Journal of Food Microbiology
- S. Avallone, J. -P. Guiraud, B. Guyot, E. Olguin, J. -M. Brillouet (2000). Polysaccharide Constituents of Coffee-Bean Mucilage. JFS: Food Chemistry and Toxicology
- 1 Fuente: Cristina Ferreira S. "Microbial Activity during Coffee Fermentation" Adaptado por la autora de Elías, L. 1979.
- Coffee Pulp. Composition,Technology, and Utilization. Ottawa, Canada. pp. 11-16; Knopp, S., Bytof, G., and Selmar,

- D. 2006. European Food Research and Technology,223:195-201; Joët, T. et al. 2010. Food Chemistry, 118:693-701; De
- Maria, C. A. B. et al. 1996. Food Chemistry, 55:203-207; Oliveira et al.(2006). En Rosane Shwan and Graham Fleet, eds.
- Cocoa and coffee fermentations, 2015.

연구자료

- Manuel diaz, Flavor Modulation
- Fortune mountain coffee-biofortune group, 'Microbiota Mapping to understand further fermentation process'

다시 쓰는 커피학개론
커피 가공 및 품종을 중심으로

2022년 11월 23일 초판 1쇄 발행
2024년 1월 18일 초판 2쇄 발행

지은이 송호석
펴낸이 홍성대
책임편집 홍유정
디자인 어나더페이퍼
사진 송호석, 월간Coffee

펴낸곳 아이비라인
출판등록 2001년 12월 27일 제311-2003-00049호
주소 (04321) 서울시 용산구 한강대로 295 남영빌딩 506호
전화 (02) 388-5061 **팩스** (02) 388-9880
홈페이지 www.the-cup.co.kr

ISBN 978-89-93461-61-9 13590

· 이 책은 저작권법에 따라 보호받는 저작물이므로 무단 전재와 무단 복제를 금합니다.